GRATIDÃO

TAMBÉM POR GARY VAYNERCHUK

Detonando!:
Atraia dinheiro e influência
fortalecendo sua marca nas redes sociais

Vai Fundo!:
O guru das mídias sociais ensina a ganhar dinheiro
fazendo o que você gosta

GRATIDÃO

Como gerar um sentimento incrível de
satisfação em todos os seus clientes

gary vaynerchuk

ALTA BOOKS
EDITORA
Rio de Janeiro, 2020

Gratidão

Copyright © 2020 da Starlin Alta Editora e Consultoria Eireli. ISBN: 978-85-508-1059-1

Translated from original The Thank You Economy © 2011 by Gary Vaynerchuk. ISBN 978-00-619-1418-8. This translation is published and sold by permission of Harper Collins Publishers, the owner of all rights to publish and sell the same. PORTUGUESE language edition published by Starlin Alta Editora e Consultoria Eireli, Copyright © 2020 by Starlin Alta Editora e Consultoria Eireli.

Todos os direitos estão reservados e protegidos por Lei. Nenhuma parte deste livro, sem autorização prévia por escrito da editora, poderá ser reproduzida ou transmitida. A violação dos Direitos Autorais é crime estabelecido na Lei nº 9.610/98 e com punição de acordo com o artigo 184 do Código Penal.

A editora não se responsabiliza pelo conteúdo da obra, formulada exclusivamente pelo(s) autor(es).

Marcas Registradas: Todos os termos mencionados e reconhecidos como Marca Registrada e/ou Comercial são de responsabilidade de seus proprietários. A editora informa não estar associada a nenhum produto e/ou fornecedor apresentado no livro.

Impresso no Brasil — 1ª Edição, 2020 — Edição revisada conforme o Acordo Ortográfico da Língua Portuguesa de 2009.

Produção Editorial Editora Alta Books **Gerência Editorial** Anderson Vieira **Gerência Comercial** Daniele Fonseca	**Produtor Editorial** Illysabelle Trajano Juliana de Oliveira Thiê Alves **Assistente Editorial** Adriano Barros	**Marketing Editorial** Lívia Carvalho marketing@altabooks.com.br **Coordenação de Eventos** Viviane Paiva eventos@altabooks.com.br	**Editores de Aquisição** José Rugeri j.rugeri@altabooks.com.br Márcio Coelho marcio.coelho@altabooks.com.br
Equipe Editorial Ian Verçosa Maria de Lourdes Borges Raquel Porto	Rodrigo Dutra Thales Silva	**Equipe Design** Larissa Lima Paulo Gomes	
Tradução Bruno Menezes	**Copidesque** Ana Gabriela Dutra	**Revisão Gramatical** Thaís Pol Hellen Suzuki	**Diagramação** Lucia Quaresma

Publique seu livro com a Alta Books. Para mais informações envie um e-mail para **autoria@altabooks.com.br**

Obra disponível para venda corporativa e/ou personalizada. Para mais informações, fale com **projetos@altabooks.com.br**

Erratas e arquivos de apoio: No site da editora relatamos, com a devida correção, qualquer erro encontrado em nossos livros, bem como disponibilizamos arquivos de apoio se aplicáveis à obra em questão.

Acesse o site **www.altabooks.com.br** e procure pelo título do livro desejado para ter acesso às erratas, aos arquivos de apoio e/ou a outros conteúdos aplicáveis à obra.

Suporte Técnico: A obra é comercializada na forma em que está, sem direito a suporte técnico ou orientação pessoal/exclusiva ao leitor.

A editora não se responsabiliza pela manutenção, atualização e idioma dos sites referidos pelos autores nesta obra.

Ouvidoria: ouvidoria@altabooks.com.br

Dados Internacionais de Catalogação na Publicação (CIP) de acordo com ISBD

V392e	Vaynerchuk, Gary
	Gratidão: como gerar um sentimento incrível de satisfação em todos os seus clientes / Gary Vaynerchuk ; traduzido por Bruno Menezes. - Rio de Janeiro : Alta Books, 2020. 256 p. ; 16cm x 23cm. Inclui índice. ISBN: 978-85-508-1059-1 1. Administração. 2. Clientes. 3. Satisfação. I. Menezes, Bruno. II. Título.
2020-342	CDD 658.812 CDU 658.814

Elaborado por Vagner Rodolfo da Silva - CRB-8/9410

Rua Viúva Cláudio, 291 — Bairro Industrial do Jacaré
CEP: 20.970-031 — Rio de Janeiro (RJ)
Tels.: (21) 3278-8069 / 3278-8419
www.altabooks.com.br — altabooks@altabooks.com.br
www.facebook.com/altabooks — www.instagram.com/altabooks

Dedico esta obra à minha família e amigos, em especial a Lizzie e Misha: as duas garotas que são a razão do meu viver.

"Esse 'telefone' tem muitos defeitos para ser considerado um sério meio de comunicação."
— Memorando interno da Western Union, 1876

"Uma caixa de música sem fio não tem valor comercial imaginável. Quem pagaria por uma mensagem enviada a ninguém em particular?"
— Um investidor em resposta ao questionamento de David Sarnoff sobre o rádio, 1920

"Embora teórica e tecnicamente a televisão possa ser viável, é uma impossibilidade no âmbito comercial e financeiro."
— Lee De Forest, pioneiro do rádio, 1926

"Os visionários veem um futuro de trabalho remoto, bibliotecas interativas e salas de aula multimídia. Eles falam de reuniões em cidades eletrônicas e comunidades virtuais. O comércio e os negócios mudarão de escritórios e shoppings para redes e modems. E a liberdade das redes digitais tornará o governo mais democrático. Que bobagem!"
— Cliff Stoll, autor, astrônomo e professor, 1995

"Se eu ganhasse um centavo por cada vez que um investidor me disse que meu negócio não daria certo..."
— Jeff Bezos, fundador da Amazon

SUMÁRIO

Agradecimentos	xi
Prefácio	xiii
Prefácio à Edição Brasileira	xvii

Parte I: Seja Bem-vindo à Economia da Gratidão — 1

1. Como Tudo Mudou, Exceto a Natureza Humana — 3
2. Transpondo Barreiras — 41
3. Por que Pessoas Inteligentes Dispensam as Mídias Sociais e Por que Não Deveriam Fazer Isso — 47

Parte II: Como Vencer — 81

4. Partindo do Topo: Infunda a Cultura Correta — 83
5. O "Par Perfeito": A Mídia Tradicional Conhece a Mídia Social — 105
6. "I'm on a Horse": Como a Old Spice Jogava Pingue-Pongue e, de Repente, Deixou a Bola Cair — 113
7. Intenção: Qualidade versus Quantidade — 123
8. Choque e Admiração — 135

Parte III: A Economia da Gratidão em Ação — 143

9. Avaya: Siga o Fluxo — 145
10. AJ Bombers: Como Se Comunicar com a Comunidade — 149
11. Joie de Vivre: O Cuidado com Pequenos e Grandes Detalhes — 159

12. A Dentista Irena Vaksman: Um Pequeno Consultório
Crava Seus Dentes nas Mídias Sociais   169

13. Hank Heyming: Um Breve Exemplo Bem Executado de
Cultura e Intenção   179

Conclusão   185

Parte IV: Ideias de Sobra   **191**

Mais Reflexões sobre...   193

Parte V: Como Vencer na Economia da Gratidão:
  Um Guia Rápido   **221**

Notas   **225**

Índice   **233**

AGRADECIMENTOS

Muitos ajudaram a conceber este livro, mas quero deixar um agradecimento especial a Debbie Stier, Stephanie Land e Marcus Krzastek. Essas três pessoas foram tão essenciais para este livro quanto eu.

Quero também agradecer a todos na HarperBusiness, na VaynerMedia, às pessoas incríveis do Brooks Group e a todos os meus amigos que despenderam tempo para ler o material final.

Agradeço imensamente a toda a minha família e amigos pelo apoio, especialmente minha mãe, Tamara, e meu pai, Sasha, que estão sempre ao meu lado. Sem a coragem do meu pai, eu não estaria neste país maravilhoso nem na situação em que estou hoje. Também agradeço a Elizabeth, minha incrível irmã, por quem nutro uma admiração verdadeira; ao meu maravilhoso irmão e melhor amigo eterno, AJ; à minha esposa e à minha filha, que me fazem querer permanecer todas as manhãs e voltar o mais rápido possível para casa, e à minha avó Esther — amo vocês.

Também sou grato à minha família estendida — meus cunhados, Alex e Justin, que são simplesmente os melhores; minha cunhada maravilhosa, Sandy, que acabamos de receber na família; e aos meus incríveis sogros, Anne e Peter, que são realmente pessoas excelentes. Peter, espero que todos os seus amigos e conhecidos da área de negócios leiam este livro.

Obrigado, Bobby Shifirn e Brandon Warnke, amigos para a vida toda. Para todos os vayníacos e apoiadores do que eu faço: vocês são tudo para mim!

Posso agradecer a Stephanie Land mais uma vez? Melhor *ghost writer* do mundo. Adoro essa mulher.

PREFÁCIO

Tenho vivido a economia da gratidão desde um belo dia por volta de 1995, quando um cliente entrou na loja de bebidas do meu pai e disse: "Acabei de comprar uma garrafa de Lindeman's Chardonnay por US$5,99, mas recebi um cupom de US$4,99 de desconto pelo correio. Posso usá-lo? Eu tenho o recibo." O gerente da loja que trabalhava lá naquela época respondeu: "Não." Eu estava de joelhos limpando as prateleiras e de lá vi os olhos do cara se arregalarem quando ele disse: "Sério?" O gerente disse: "Não, não. Você tem que comprar mais coisas para chegar ao desconto de US$4,99." Quando o homem foi embora, fui até o gerente e disse: "Esse cara nunca mais vai voltar." Errei. O homem voltou alguns meses depois. Só que para dizer que nunca mais compraria na nossa loja.

Na verdade, eu não era mais simpático do que esse gerente, nem um molenga quando se tratava de negócios. No entanto, embora eu fosse jovem e ainda tivesse muito a aprender, sabia lá no fundo que ele havia tomado a decisão errada. O gerente acreditava que protegia a loja contra um cliente que tentava levar alguma vantagem; mas tudo o que vi foi que perdemos a oportunidade de fazer um cliente feliz.

Não se enganem: sempre considerei os negócios uma maneira de construir um legado e de fazer as pessoas felizes, mas meu objetivo também sempre foi ganhar dinheiro, e não apenas espalhar felicidade pelo mundo. Eu era o garoto que arrancava as flores dos quintais dos vizinhos e as vendia de volta para seus donos. Meu incentivo para fazer esse cliente feliz não era puramente altruísta; o ponto aqui é que clientes satisfeitos são os mais valiosos. Minha crença na época era que um negócio é tão forte quanto seu relacionamento com os clientes mais próximos. Logo, o que esses clientes expressavam externamente sobre nossos negócios moldaria nosso futuro.

Gratidão não foi um livro escrito para incentivar empresas e marcas a serem mais boazinhas com seus clientes. Eu o escrevi porque essa minha crença daquela época está se tornando mais verdadeira nos dias de hoje. Sempre fui intuitivo. Por isso sabia que deveria vender todos os meus cards de beisebol e entrar na onda de brinquedos colecionáveis; por isso lancei o WineLibrary.com em 1997, quando ninguém acreditava que as lojas de bebidas locais podiam operar na internet; por isso decidi incluir todos os vinhos australianos e espanhóis em 1999, quando todos os outros ainda estavam obcecados por vinhos franceses, californianos e italianos. A intuição me levou a usar o Twitter desde o começo e tive a impressão de que esse negócio de videoblog decolaria. É por isso que eu sei onde estou agora.

Quero que as pessoas que amam administrar negócios e construir empresas tanto quanto eu — sejam elas empreendedoras, administradoras de uma pequena empresa ou colaboradoras de uma empresa da Fortune 100 — entendam o que visionários como eu já enxergam: entramos em uma nova era, na qual o desenvolvimento de fortes relações com o consumidor é crucial para o sucesso de uma marca ou empresa. Temos insistido nessa mensagem por muitas décadas. Não é mais suficiente uma forte iniciativa de marketing que simplesmente empurre uma mensagem unidirecional de uma marca pela garganta do consumidor. Para se ter um impacto, o marketing terá que inspirar uma interação carregada de emoção.

Assim como uma comunicação aberta e honesta é essencial para bons relacionamentos interpessoais, essa característica é intrínseca às relações de uma marca ou empresa com seus clientes. As pessoas adotaram a mídia social porque a comunicação as torna felizes. É o que fazemos. É por isso que gravávamos desenhos nas rochas das cavernas. Por esse motivo é que usávamos sinais de fumaça. E foi por isso que a tinta deu certo. Se alguém alguma vez desenvolver uma ferramenta que nos permita comunicar telepaticamente, ficaremos loucos por ela também. O modo como as empresas se adaptarão a esse tipo de inovação, isso eu não sei. Mas elas se adaptarão, com certeza. Pelo menos as empresas às quais eu estou associado o farão.

Enquanto isso, empresas de todos os tipos e tamanhos precisam começar a se esforçar mais para se conectar com seus clientes e fazê-los felizes, não porque a mudança está chegando, mas porque ela já chegou. Imagine quantas pessoas saberiam que perdemos a oportunidade de fazer um cliente feliz se aquele mesmo homem que não conseguiu resgatar seu cupom de desconto naquela época tivesse um celular com Twitter e Facebook. Além do mais, as mudanças que já presenciamos são apenas as primeiras pequenas bolhas aparecendo na superfície da água. A web do consumidor está apenas engatinhando — muitas pessoas que estão lendo isso agora provavelmente conseguem se lembrar com clareza do mundo antes da internet. As mudanças culturais que as mídias sociais introduziram já estão tendo um grande impacto nas estratégias de marketing. Em algum momento, porém, as empresas que querem competir terão que mudar a abordagem em relação a tudo, desde suas práticas de contratação até o atendimento ao cliente e elaboração de orçamentos. Nem todas de uma vez, é claro. Mas isso terá que acontecer, pois não há como desacelerar a velocidade alucinante com a qual a tecnologia está nos impulsionando para a economia da gratidão. Eu, por exemplo, acho que é uma coisa boa. Quando terminar este livro, espero que você concorde comigo.

PREFÁCIO À EDIÇÃO BRASILEIRA

Certo dia, em meio à correria do trabalho, enquanto estava fora do escritório em um coworking, vi pessoas agitadas e uma grande fila se formando em um canto. Aproximei-me e vi que uma startup que vende seguros para celular estava distribuindo gratuitamente películas para smartphones. Naquele momento, pensei: "Que ação mais maluca!" Mais tarde, conversando com uma das pessoas da empresa, descobri que nessa ação eles conseguiram um ROI de 11 vezes mais. Tudo isso graças à gratidão.

Em outro momento, eu entro na Reserva para escolher uma nova camisa e um vendedor me oferece uma cerveja e me vem à cabeça que não posso sair sem comprar nada. Reciprocidade está no âmago da perpetuação do Homo Sapiens. E é exatamente esse sentimento tão primitivo que fez com que os hominídeos menos preparados fossem a raça que venceria a batalha pela sobrevivência. Está na nossa natureza retribuir tudo de bom que acontece conosco e esse sentimento fez com que dentro de tribos as funções se dividissem, entre caçadores, cozinheiros e curandeiros. Cada um fazendo melhor sua função e retribuindo a comida, o cuidado, ou seja, novamente remete à gratidão.

Entramos em uma nova era, as barreiras já não existem mais. Eu não preciso mais de um prédio cheio de pessoas para criar uma negócio de sucesso. Dois garotos do subúrbio de São Paulo são capazes de competir com um gigante como Amazon usando apenas um cartão de crédito, uma conta no Facebook e alguns reais gastos em publicidade.

Nem mesmo preço que um dia foi um fator de diferenciação pode ser utilizado nessa guerra. Como criar um negócio perene que deixe um legado e que tenha uma estratégia competitiva que mantenha a organização ano após ano? Gratidão é a resposta. A maneira como encantamos, produzimos valor e engajamos nossos clientes é o que fará a diferença entre as empresas que continuam existindo e as que ficam no caminho.

Mais do que um cupom de desconto ou qualquer benefício que seja usado na atração de novos clientes. Estamos vivendo em um momento no qual é preciso criar surpresa e admiração em nossos consumidores. Quais histórias estamos contando e como provamos que não se tratam de mais uma campanha de marketing que apenas mudou de plataforma, que saltou da TV e agora está no Instagram?

Ninguém melhor que Gary Vee para deixar claro que precisamos ser nós mesmos. Trata-se de compartilhar a verdade de uma perspectiva diferente do consenso. Mostrar o verdadeiro porquê é tão necessário ou mais do que ter bons negócios e boas intenções, é mostrar o real motivo que fez nosso negócio surgir.

O que você está disposto a proporcionar ao seu cliente e de que maneira você vai gerar valor continuamente, mantendo-o satisfeito e engajado com sua marca? Como se comunicar de forma eficiente criando mais que uma percepção de marca, mas uma relação de confiança faz o match perfeito entre a necessidade, o propósito e a transformação final entregue ao cliente.

Estamos em uma nova economia, com mudanças frequentes e com ciclos de vida de marcas e produtos cada vez mais curtos. Entender a nova economia da gratidão fará a diferença entre empresas e marcas que irão se perpetuar e definir quem deixará de existir.

Distinto do que vemos em boa parte dos livros dedicados a marketing, Gratidão é repleto de dicas práticas e conceitos para quem quer adotar essa nova postura em sua comunicação. É revolucionar a maneira como encantar seus clientes e despertar uma profunda gratidão.

Para empresas que possuem o desafio de migrar de seus canais de marketing tradicionais para as redes sociais, este livro funciona como uma manual de sobrevivência. Deixando para trás a causa de tantas organizações que não tiveram sucesso e como pessoas sem nenhum recurso se tornaram as novas celebridades do nosso século.

Gary Vee foi provavelmente a primeira pessoa a perceber o tamanho da revolução que a nossa comunicação estaria para se transformar e o quanto de potencial existia na oportunidade para dominá-la e como explorá-la como ativo para o seu negócio. Os conceito que aprendemos aqui neste livro permitiu a Growth Machine se tornar referência em seu segmento, mesmo estando competindo com empresas de educação e consultoria 10 vezes mais capitalizadas que nós.

Mais que um livro, Gratidão é um guia prático para quem quer não apenas sobreviver, mas se sobressair em seu mercado e criar uma relação com seu cliente de forma a constituir um verdadeiro legado.

A hora é agora.

Thiago Reis

Fundador da Growth Machine e especialista em estratégias de crescimento

PARTE I

Seja Bem-vindo à Economia da Gratidão

CAPÍTULO UM

Como Tudo Mudou, Exceto a Natureza Humana

Puxe da memória a última vez que alguém lhe fez uma gentileza. Não quero dizer manter uma porta aberta, mas algo como tomar conta dos seus cachorros enquanto viajava durante o fim de semana ou dirigir por 40 minutos para buscá-lo no aeroporto. Como você se sentiu depois? Agradecido, ou talvez até um grande sortudo por conhecer alguém que fizesse tudo isso. Se tivesse a chance, certamente você retribuiria. Pode ser até que não espere por uma oportunidade e simplesmente faça algo para agradar a essa pessoa e demonstrar gratidão, pois você pode. Muitos de nós reconhecem que ter alguém assim em nossa vida é um presente e que isso não deve ser desdenhado.

Na verdade, nenhum relacionamento pode ser desprezado. Eles são a matéria da vida, a essência fundamental. O modo como cultivamos nossos relacionamentos é muitas vezes o maior determinante do tipo de vida que podemos ter. Não é diferente no mundo empresarial. Os negócios da vida real não são feitos em reuniões de diretoria, mas sim com uma porção de asinhas de frango no bar ou durante o intervalo de um show da Broadway. Eles são feitos por meio de uma saudação entusiasmada, com uma recomendação inesperada ou ao oferecer seu táxi para outra pessoa em um dia chuvoso. Negócios reais acontecem nas pequenas interações pessoais que nos permitem provar para o outro quem somos e no que acreditamos — momentos honestos que promovem bons sentimentos e constroem confiança e lealdade. Agora imagine que seja possível pegar essas interações e escalá-las para centenas, milhares ou até milhões de pessoas que compõem sua base de clientes — ou melhor, sua base de clientes em potencial. Muitos insistiriam que alcançar esse tipo de escala é impossível e, cerca de até cinco anos atrás, eles teriam razão. Hoje em dia, porém, a escalabilidade dessas interações não é apenas possível, mas necessária, desde que sejam utilizadas as ferramentas certas e de maneira correta. Na verdade, as empresas e marcas que se recusam a tentar essa escala podem colocar em risco o potencial de seus negócios e, em longo prazo, até mesmo a própria existência.

Por quê? Pois, no final das contas, a única coisa que nunca mudará é a natureza humana. Se puderem escolher, as pessoas sempre despenderão seu tempo com aqueles que apreciam. Quando for conveniente e prático, elas também preferirão negociar e comprar de pessoas de quem gostam. E agora podem. As mídias sociais possibilitam que os consumidores interajam com as empresas de uma forma que, muitas vezes, se assemelha ao modo como interagem com seus amigos e familiares. Os *early adopters* da tecnologia aproveitaram a oportunidade para falar regularmente com as empresas, e, com o passar do tempo, cada vez mais pessoas se empolgam com a ideia e seguem o exemplo. É possível que você não tenha visto ainda os efeitos desse movimento, mas eu já. Todos os dias. Relacionamentos e conexões confiáveis concebidas por meio das mídias sociais se transformam rapidamente em forças sutis e crescentes na nossa economia. É fundamental que as marcas e as empresas aprendam a usar de maneira correta e autêntica as mídias sociais a fim de desenvolver relacionamentos interpessoais com sua base de clientes — independentemente de qual for seu tamanho — de modo que causem impacto no mercado, agora e no futuro.

A Mídia Social é Mais do que uma Mídia Qualquer

Para constar, eu não gosto do termo "mídia social". É uma nomenclatura imprópria que causa grande confusão até hoje. Tal equívoco tem levado gerentes, profissionais de marketing, CEOs e diretores de marketing a pensar que podem usar sites de redes sociais para divulgar mensagens da mesma maneira que utilizam plataformas tradicionais, como mídia impressa, rádio, televisão ou outdoor, e esperar resultados e retornos semelhantes. Mas o que chamamos de mídia social não é mídia, nem sequer uma plataforma. É uma mudança cultural ampla que afetou profundamente a forma como a sociedade usa a maior plataforma já inventada: a internet. Infelizmente, quando o mundo dos negócios pensa em marketing via sites de redes sociais, como YouTube, Facebook, Twitter, Foursquare e DailyBooth, ele pensa em utilizar mídias sociais. Por isso, também usarei esse termo.

A Grande Novidade Está nos Olhos de Quem Vê

Finalmente temos uma maneira de realmente nos conectarmos com nossos clientes, uma oportunidade de ouvir o que eles querem, o que pensam, como foi a experiência deles, como o produto funcionou, ou como não funcionou! Até que enfim temos uma chance de criar campanhas pessoais e criativas que vão além do óbvio! Se Don

Draper soubesse que sua agência de publicidade não precisaria mais realizar entrevistas de grupos focais para descobrir o que as pessoas querem, ele derrubaria seu copo de uísque de tanta felicidade. Imagine a quantidade de dinheiro que gerentes de marca poderiam ter economizado nas últimas décadas em testes de marketing e outras técnicas de pesquisas clássicas que, em todos esses anos, não diminuíram o potencial de fracasso de um novo produto, estimado em 60% a 90%. Esses profissionais ficariam surpresos com a incapacidade de reconhecer uma oportunidade dessas. Mas, por incrível que pareça, muitas pessoas não querem ouvir isso. Se é verdade que o serviço personalizado está rapidamente se tornando uma das maneiras mais eficientes de alcançar clientes, então é evidente que um número colossal de empresas terá que, em algum momento, passar por uma transformação cultural para ter chance de competir no mercado. Esse é um pensamento que muitos executivos vão encarar com tanto entusiasmo quanto Dwayne Wade encararia uma prova irrefutável de que o basquete já não existe mais e o hóquei no gelo é o único esporte praticado no mundo.* Contudo, vale lembrar que não faz muito tempo que as poucas pessoas que tinham computadores os usavam quase exclusivamente para redigir textos e jogar. Em 1984, qualquer um que se gabasse de seu novo Apple Macintosh seria ridicularizado; em 2007, essa mesma pessoa conseguiria um encontro amoroso só por ter um iPhone. A cultura muda, e as empresas têm que mudar também; do contrário, correm o risco de deixarem de existir.

---

* Nos primeiros rascunhos deste livro, mencionei LeBron James, mas, como os fãs de esporte bem sabem... as coisas mudam.

Por que Falo em Ideias Absolutas?

Porque, se lhe dou limões, você faz uma limonada. Quando eu lhe disse, em 1998, que sua empresa iria à falência caso não fosse para a internet e entrasse no e-commerce, falei a verdade? Não. Mas, camarada, já pensou em tentar manter um negócio em 2010 sem interação online alguma? Prefiro lhe dar um choque de realidade e só depois admitir que raramente um negócio precisa de uma abordagem "tudo ou nada" do que correr o risco de você não dar importância suficiente à situação.

Infelizmente, muitos líderes de negócios e profissionais de marketing não conseguem enxergar que a mudança já chegou. (Não está a caminho. Não está ali na esquina. *Ela já chegou*.) Eles observam acordos fechados no Twitter, Facebook, myYearbook e Foursquare e dizem com desprezo "prove que isso é verdade".

O prazer é todo meu. Neste livro, você lerá sobre diversos pequenos e grandes negócios, em uma variedade de setores, que contam com orgulho como melhoraram seus resultados ao estabelecer e, então, alavancar as relações que se tornaram possíveis por meio das mídias sociais. Quando se considera o panorama geral, esses exemplos oferecem evidência irrefutável de que há ganho financeiro para um negócio de qualquer tamanho que esteja disposto a dialogar com clientes e mercados de forma pessoal e atenciosa, fazendo com que se sintam valorizados. Não há motivo para que uma empresa não possa se esforçar e alcançar esses mesmos resultados. As mídias sociais fazem da internet um ambiente aberto e equilibrado, no qual você é o responsável por definir o alcance da sua mensagem e da sua marca.

O segredo para o sucesso dessas companhias é que em algum momento elas descobriram como colocar em prática as ideias que pretendo explicar neste livro:

- Os componentes essenciais para criar uma cultura empresarial potente e capaz de deixar um legado.

- Como recriar o "par perfeito" com estratégias de mídias tradicionais e sociais.

- Ter boas intenções ao dar início a todo o processo.

- Proporcionar surpresa e admiração aos seus clientes sem investir muito dinheiro, apenas muito carinho.

Além disso, essas empresas de sucesso não se inibiram pelo medo ou pelos argumentos que muitos líderes usam para descartar a efetividade das mídias sociais. Neste livro, abordarei alguns deles e explicarei por que não são verdadeiros.

A expectativa dos consumidores tem mudado radicalmente, e as mídias sociais alteraram tudo aquilo que diz respeito ao relacionamento que a empresa precisa — SIM, PRECISA — estabelecer com o cliente. De agora em diante, o relacionamento entre uma empresa e seus clientes será bem diferente do que era há pouco tempo.

A Alma e o Coração do Assunto

Como as pessoas decidem que gostam umas das outras? Elas conversam. Trocam ideias. Escutam umas às outras. E, por fim, criam laços. O processo de estabelecer um relacionamento com os clientes não é diferente. Se a intenção da sua empresa vai além do mero ato de vender um produto ou serviço e ela é corajosa o suficiente para expor sua alma e seu coração, as pessoas vão corresponder, se conectar, gostar de você. Elas vão falar a respeito da sua empresa e comprarão seus produtos.

Uma pesquisa a respeito de pais que se preparavam para as compras de volta às aulas no segundo semestre de 2010 mostrou que 30% deles esperavam que as redes sociais influenciassem suas compras; outra pesquisa, feita em dezembro de 2009, revelou que 28% dos entrevistados admitiram que as redes sociais haviam, de fato, influenciado suas decisões de compra — 6% devido a um comentário de um amigo no Facebook e 3% devido ao tuíte de um amigo. Quando você estiver lendo este livro, a porcentagem terá aumentado consideravelmente. Cada vez mais as pessoas tomam decisões de negócios e de consumo com base no que está em alta nas redes sociais. A questão é que as pessoas não falam sobre coisas com as quais não se importam. Então, cabe a você fazer com que se importem; o que significa que, antes de tudo, quem tem que se importar é você.

Quando comecei a usar o Twitter, não tinha uma marca, ninguém sabia quem eu era. Para construí-la, comecei a gerar discussões a respeito do que mais gostava: vinho. Usei Search.Twitter (Summize.com, na época) para encontrar menções de Chardonnay. Vi que as pessoas tinham dúvidas e eu às respondia. Não postei um link da WineLibrary.com e disse que vendia Chardonnay. Se as pessoas diziam que estavam bebendo Merlot, dava a elas minha recomendação, mas não mencionava que podiam comprar Merlot no meu site. Não tentei fechar negócio logo de cara, como uma pessoa sem experiência faria; primeiro investi no relacionamento. Com o tempo, as pessoas começaram a ver os meus comentários e pensar "Ah, olha só, é aquele tal de Vaynerchuk, ele entende de Chardonnay. Ah, legal, ele faz uma mostra de vinhos, vamos dar uma olhada. Caramba, ele é engraçado. Gosto dele; confio nele. E ele também vende vinho. Entrega grátis? Vamos experimentar uma garrafa..." Isso é priorizar a atenção em vez da venda, e foi assim que construí a minha marca.

Esse é o meu ponto quando falo que é preciso abrir a alma e o coração do negócio para os clientes. Há um limite para o preço baixo. Há um limite para a excelência do seu produto ou serviço. Há um limite para o seu orçamento de marketing. Seu coração, no entanto, não tem barreiras. Talvez não soe realista esperar que alguém seja tão emocional nos negócios, mas, ora, quantas pessoas pensariam que as fazendas virtuais seriam tendência há três anos? Enquanto isso, em seu auge, Farmville contava com 85 milhões de jogadores.

Entendo que sua realidade tenha limitações; construir relações pessoais com seus clientes e contratar uma equipe demanda tempo e dinheiro. Mas, neste livro, mostrarei que, quando se gasta dinheiro com mídias sociais, não se investe na plataforma, mas em uma cultura e em consumidores que podem promover seus produtos. Vamos analisar o retorno em investimento e falar sobre como fazer cada centavo valer a pena. Em teoria, seu objetivo deveria ser "interagir o máximo possível", pois o que mais conta é a disposição de mostrar às pessoas que você se importa com elas, com suas experiências e seus negócios.

Isso não é tão piegas quanto parece. Na verdade, é exatamente assim que o mundo dos negócios costumava funcionar. Acredito que estamos vivendo o início de uma grande transformação cultural que fechará um ciclo, e que o mundo em que vivemos e trabalhamos hoje funciona de uma forma incrivelmente semelhante ao de nossos bisavós. As mídias sociais transformaram nosso mundo em uma grande cidade pequena, dominada pela força das relações, a moeda do cuidado e o poder do boca a boca, assim como todas as cidades vibrantes costumavam ser. Para ter êxito agora e no futuro, é essencial lembrar-se do que funcionou no passado.

Quando Cuidado Era Sinônimo de Negócios

Se você tiver a oportunidade de interagir com pessoas entre 80 e 90 anos que têm boa memória, com certeza as ouvirá dizer como o mundo mudou desde que eram jovens. A maioria das pessoas idosas consegue facilmente identificar as diversas mudanças positivas no mundo, mas, com frequência, expressam um pouco de saudade de um tempo em que as coisas aconteciam mais devagar, as pessoas conheciam seus vizinhos e respeitavam umas às outras, mesmo que não fossem próximas ou não estivessem de bom humor. Elas também se recordam com carinho dos vendedores e comerciantes locais que sabiam seus nomes e faziam com que se sentissem em casa. Porque era assim que tinha que ser. Independentemente de onde se vivia, em uma cidade pequena ou em cidades próximas, era completamente possível que os donos/gerentes das lojas o conhecessem desde criança.

Naquela época, não havia necessidade de encorajar as pessoas a favorecer o comércio local, pois ele era o único comércio. Se a sua mãe comprava carne do açougueiro Bob, era bem provável que você também se tornasse cliente dele. O açougueiro conhecia a sua família, os seus gostos, e sabia que durante o inverno deveria separar ossos de porco para que você pudesse temperar sua sopa de ervilha. A forma como Bob o tratava era tão importante quanto a qualidade de seus produtos. Não era apenas o caso de o rival, o açougueiro Bill, oferecer um bom serviço a poucos passos de distância. A questão era que se você não estivesse satisfeito com o serviço prestado — se, por exemplo, o açougueiro Bob se recusasse a reembolsá-lo por uma carne moída passada — você reclamaria na associação de moradores, ou em um sindicato, ou ainda no clube da cidade. Isso seria o pior pesadelo do açougueiro Bob, porque a maioria das pessoas que faziam parte dessas organizações era a clientela dele. Perder um cliente insatisfeito significava perder também dez amigos ou parentes dele. Nas comunidades pequenas e próximas de antigamente, perder essa quantidade de clientes causava bastante prejuízo. A sobrevivência dos negócios dependia do boca a boca e da influência que as pessoas exerciam umas nas outras. O que quer dizer que cada pessoa que passasse pelo açougue tinha que se sentir valorizada. A não ser que houvesse apenas um de cada negócio na cidade — o açougueiro, o padeiro, o vendedor de velas —, todo mundo que precisava lidar com clientes tinha que ser amigável e receptivo e, quando necessário, pedir desculpas.

Aquele era um tempo em que os negócios continuavam no núcleo familiar, passando de uma geração a outra. Geralmente, ter um negócio não era apenas uma forma de ganhar dinheiro, mas algo com que os donos e gerentes se identificavam e que os deixava orgulhosos. Quando era relativamente novo, as pessoas o gerenciavam como se suas vidas dependessem de seu sucesso... e realmente dependiam. O negócio era a porta de entrada para o sonho americano. Era o que garantiria o futuro dos filhos. Era um investimento em longo prazo, era um legado. E no final, quando se aposentassem, as pessoas continuariam a conviver com aqueles que foram seus clientes durante anos. Eles não eram apenas fonte de lucro, mas amigos, vizinhos, e por isso quem gerenciava algum negócio se importava. Muito.

O Boca a Boca Fica Sem Voz

Aquele mundo em que nossos avós e bisavós viviam, onde as relações e o boca a boca tinham impacto direto na reputação pessoal e profissional de um indivíduo e no sucesso ou não de um negócio, começou a se desintegrar na época em que o açougueiro Bob comprou seu primeiro carro, entre meados de 1920 e o boom pós-Segunda Guerra Mundial. Lá pela metade do último século, muitas forças sociais e econômicas convergiram e as pessoas podiam finalmente comprar carros e dirigir pelas rodovias recém-construídas em direção aos subúrbios. Com o passar do tempo, os norte-americanos se distanciaram ainda mais dos grandes centros e foram para condomínios de luxo. O interior era repleto de estacionamentos e centros comerciais para atender à demanda da sociedade burguesa. Para muitos, o que indicava a presença de um novo morador nessas localidades era a forma como ele se distanciava ao máximo de outras pessoas, de preferência com um portão em frente à sua casa.

Essas décadas que geraram uma distância maior entre amigos, família e vizinhos coincidiram com o rápido crescimento de grandes negócios. O açougueiro Bob se aposentou antes de perder sua clientela para uma grande rede de supermercados, que, eventualmente, teria mais de 200 mil lojas pelo país. A empresa que tratava uma senhorinha como se fosse realeza mesmo que comprasse apenas um chapéu de US$2, e que havia conseguido crescer e prosperar, muito provavelmente foi devorada por uma grande corporação. Com o tempo, sua razão de existir deixou de ser agradar ao público feminino com a última moda, ou construir um legado, e passou a ser aumentar os lucros e diversificar o estoque. A priorização do lucro sobre o princípio logo tomou conta da cultura corporativa norte-americana e foi o que moldou a perspectiva de todos os líderes de negócios, independentemente do cargo. Muitos não sabem fazer de outro jeito, apenas jogam o jogo conforme foram ensinados.

Se Você Não Se Importar, Ninguém Mais Vai

O que aconteceu em seguida foi quase perdoável. Quase. No fim das contas, os consumidores pareceram rejeitar os antigos valores e abandonaram os negócios ligados às pequenas cidades. Além disso, com o início das transformações sociais e culturais, o comportamento dos consumidores também mudou de forma drástica. Definitivamente era hora de deixar de lado as formalidades impostas pela sociedade, mas os bons modos — os de verdade — indicam que nos importamos com os sentimentos e experiências daqueles à nossa volta. Era quase como se os grandes negócios, ao observar essa mudança de comportamento, dissessem: "Bem, se eles não se importam, nós também não nos importamos." Se as pessoas não esperavam muito, então não receberiam muito.

As empresas passaram a descartar tudo aquilo que não trouxesse lucro. Não consistia apenas em substituir chapéus por modelos mais baratos, modernos ou que estivessem mais na moda. Também não tinha a ver só com suspender os mimos que faziam o cliente se sentir como parte da realeza. As empresas simplesmente eliminaram qualquer coisa que mostrasse um mínimo de preocupação com a experiência do consumidor. Supermercados deixaram de contratar adolescentes para carregar as compras e colocá-las nos carros. Só se encontrava frentistas em postos de gasolina em Nova Jersey e Oregon. E, se você quisesse entrar em contato com uma empresa para falar a respeito de um serviço ou produto, tinha que pressionar 1 para soletrar o seu nome, 2 para fazer um pedido, 3 para mais opções ou asterisco para voltar ao menu principal. A partir dos anos 1990, as empresas passaram a contar cada vez mais com as centrais de atendimento automático, e nós passamos a viver na Idade Média do serviço de atendimento ao consumidor.

As pessoas reclamavam, mas não havia nada que pudessem fazer. Algumas até acreditavam na mentira de que eliminar aquilo que consumia tempo e dinheiro, e que os consumidores nunca acharam que pudesse acabar — como o privilégio de ser atendido por um ser humano —, baixaria os preços de produtos e serviços. Adorávamos falar com você, mas a nossa perda se torna seu ganho. Aproveitem a economia!

A internet tornou tudo ainda pior. Por conta de suas propriedades globalizadas, ela permitiu que nos isolássemos cada vez mais. Agora não precisávamos nem ir ao shopping para comprar uma peça de roupa, ou ir ao cinema para assistir a um filme. Não importava em que lugar vivêssemos, com apenas um clique, poderíamos trazer o mundo — ou melhor, o mundo como nós gostaríamos de vê-lo, com uma seleção de entretenimento, política e mídia especialmente escolhida com base nos nossos gostos pessoais — diretamente para nós, sem termos que falar com uma pessoa sequer. Podíamos fazer nossas compras de mercado online. Não era necessário sair de casa para nada. Era concebível a ideia de ser uma comunidade de apenas uma pessoa.

Para os negócios, o nosso caso de amor com a internet era um presente dos deuses. Startups online começaram a aparecer por todos os lados e os mercados-alvo para empresas já existentes se expandiram em grande escala. Elas agora conseguiam, com orgulho, dizer que, por meio de seus sites, haveria sempre a possibilidade de estabelecer comunicação com os clientes. Isso porque, na teoria, o site funcionava 24 horas por dia, 7 dias por semana. Na realidade, com algumas poucas exceções, esses sites ofereciam um serviço que não podiam cumprir. O que de fato acontecia é que ficava cada vez mais fácil evitar os clientes como um todo. Agora as pessoas perdiam ainda mais tempo navegando em sites na esperança de encontrar um número de telefone ou o nome de alguém com quem pudessem entrar em contato. Quando só havia um endereço de e-mail disponível, era possível enviar perguntas, reclamações ou comentários e esperar até sabe-se lá quando para obter uma resposta completamente inútil. Se por algum milagre fosse possível descobrir um número de telefone, a espera até ser atendido era interminável, ou então a ligação era transferida de atendente para atendente, sem que ninguém, de fato, ajudasse. Enquanto as empresas terceirizavam seus serviços de atendimento ao consumidor, os clientes tinham dificuldade de comunicação com os serviços automatizados. Ficavam furiosos, mas, como sempre, não podiam fazer nada.

As corporações não tinham nada a temer. Sua base de clientes já não se restringia ao CEP local; era o país inteiro e, em alguns casos, o mundo inteiro. E daí se as pessoas compravam algumas calcinhas de uma vez só? Ou 100? Quantos, de fato, perderiam tempo procurando sites como Paypalfede.com, lê-los, postar neles e ainda falar com seus amigos a respeito? Para quantos amigos eles conseguiriam contar? Simplesmente não valia a pena o tempo, o dinheiro e nem o esforço para atender ao cliente com o mínimo gesto possível de boa vontade, estivesse ele satisfeito ou não. O ROI (retorno sobre investimento) não justificava um tratamento de melhor qualidade.

O Habitante da Cidade Pequena Se Muda para a Internet

Então, por volta de 2003, no meio de um mundo de alta tecnologia digital impessoal, uma novidade começou a surgir na internet e não era nada parecida com a que nossos bisavós talvez tenham vivenciado.

Porém, em essência, mesmo com toda sua modernidade digital, ela diminuiu a grande distância criada em quase um século de cultura automobilística, terras baratas e tecnologia. Muitos de nós ainda vivíamos longe uns dos outros, mas estávamos prestes a nos aproximar de maneira semelhante àquelas pessoas de cidades pequenas.

A novidade era a Web 2.0, conhecida hoje como mídias sociais. Com uma velocidade incrível, essas plataformas designadas com o único propósito de aproximar as pessoas fizeram com que voltássemos a nos comunicar novamente. Aquela internet silenciosa, anônima e privada de repente se tornou extremamente comunicativa, pessoal e reveladora. O habitante da cidade pequena se mudou para a internet à medida que as pessoas buscavam ansiosamente as novidades que seus amigos postavam online. A rotina matinal de navegar pelas redes sociais e checar as postagens das pessoas se tornou sinônimo da caminhada de alguns anos atrás até a lanchonete para tomar café da manhã. Checamos o Facebook e comentamos na foto dos sapatos novos de uma amiga (sabemos que são da marca Kate Spade, comprados na Nordstrom, porque está na legenda da foto) da mesma forma que no passado teríamos dito "Você está linda com esse chapéu, Margie" para uma vizinha que encontramos na rua. "Curtimos" o status do nosso amigo anunciando que seu filho se formou na universidade da mesma forma que teríamos acenado felizes para o pequeno Timmy, que acabou de aprender a andar de patinete. Tuitamos um artigo com uma reclamação a respeito dos palhaços da administração municipal que arruinaram mais um projeto público com o mesmo ímpeto que sacudíamos nosso jornal e compartilhávamos nossa frustração com todas as pessoas sentadas próximas de nós no balcão da lanchonete, também lendo as notícias, tomando seu café — puro — e mastigando suas torradas.

Mais do que nunca, as redes sociais fizeram com que prestássemos mais atenção uns aos outros, percebêssemos o que estava acontecendo, o que as pessoas pensavam ou faziam. Nos anos 1940, sabíamos da vida dos nossos vizinhos, sobre seu novo hobby ou papel de parede, porque esbarrávamos com eles no ponto de ônibus ou no mercado. Nos anos 1990, talvez nem soubéssemos desses detalhes. E, em 2010, não apenas sabíamos tudo sobre todo mundo, mas também víamos fotos, vídeos e qualquer outra informação que envolvia os revendedores e fornecedores que possibilitavam esses detalhes. No início, muitas pessoas enxergaram a banalidade dos assuntos tratados na internet e imaginaram quem se importaria com o fato de Jeff ter encontrado uma barra de chocolate pela metade na despensa, ou que Liz estava indo correr na orla da praia com seu novo par de tênis. Mas as pessoas se importavam. A sociedade não perdeu a chance de recriar aquele contexto antigo de cidade pequena, em que as trocas pessoais eram mais comuns.

Uma Mudança Completa no Poder

Ainda assim, a maioria dos negócios, com exceção de alguns empreendedores ambiciosos, não via vantagem alguma nessas interações mais pessoais. O que essa novidade poderia trazer de útil para eles? Muitos líderes falharam — e ainda falham — ao não enxergar que o jogo que eles aprenderam a jogar estava finalmente mudando. (Serão mudanças ainda mais radicais em cinco anos!) Ao permitir, diariamente e de forma gratuita, o crescimento de diálogos e relacionamentos entre pessoas que vivem a quilômetros de distância e que talvez nunca se conheçam pessoalmente, as mídias sociais representam uma grande mudança de poder, que volta para as mãos do consumidor. Os consumidores têm mais contato diário e direto entre si do que em qualquer outro momento da história. Mais contato é sinônimo de mais acesso à informação, mais fofocas, trocas e engajamento, ou seja, mais boca a boca. Agora, aquele amigo de Jeff que vive do outro lado do país, o qual ele não encontra há seis anos e que usa seu DVR desde 2003 para pular as propagandas da televisão, pode finalmente ver seu post sobre a barra de chocolate pela metade. A partir disso, esse mesmo amigo lembrará que também gosta muito de chocolate e vai comprar uma barra enquanto espera a fila do mercado andar. Esse é um cenário que sua bisavó jamais teria imaginado.

As Diferenças do Novo Boca a Boca

O boca a boca está de volta. Quando a sociedade cortou os laços pessoais e profissionais presentes nas comunidades menores e mais antigas, as pessoas ficaram como formigas espalhadas em uma mesa de piquenique — muito ocupadas e resistentes, mas demasiadamente distantes umas das outras para cooperar em grupo. Agora, a internet amadureceu tanto que o poder das redes sociais permite que todas essas formigas se juntem e sejam fortes o suficiente para trabalhar em grupo e mover qualquer estrutura se assim desejarem. Os empresários que não enxergam o potencial de repercussão desse novo boca a boca escolhem ficar de olhos fechados. Por exemplo, mesmo que Martha não esteja interessada em agricultura ou em alimentos transgênicos, o fato de que seu amigo em Hamburgo *tem esse interesse* talvez seja suficiente para fazer com que ela preste atenção quando passar por uma notícia sobre a Monsanto em qualquer rede social ou microblog (Twitter, Posterous, Tumblr). Talvez Martha leia o link em anexo e comece a formar uma opinião e, a partir daí, passe a repostar ou a retuitar essa mesma notícia para que seus 200 amigos possam saber o que pensa. Então, ela acompanha com satisfação a discussão gerada pelas 25 pessoas que responderam à sua postagem. Dessas 25, 18 repostam e retuítam o artigo original com uma mensagem pessoal para que seus respectivos amigos também vejam. De acordo com o Facebook, desde 2010 o usuário mediano da rede tem 130 amigos e o do Twitter tem 300 seguidores, o que, nesse cenário, resulta em um total de 7.740 pessoas que, muito provavelmente, de súbito, leem o nome Monsanto que surge em suas telas. Isso sem contar as 175 pessoas que tiveram acesso à postagem da Martha, mas que não se pronunciaram. Alguns viram, alguns não viram. Mas, daqueles que viram, quem sabe quantos, de maneira privada, repassaram a notícia para outras pessoas, que por sua vez compartilharam com todos os seus amigos? Pense nas centenas de pessoas que tiveram acesso a uma única notícia. E muitos as acessaram diretamente de seus smartphones, que carregam consigo para todo lugar. Não existe mais aquela demora de quando, ao se ouvir uma notícia, a pessoa precisava acessar um computador para enviar um e-mail e informar os amigos. Notícias e informações que sempre foram repassadas rapidamente, fossem transmitidas de porta em porta nas pequenas comunidades de antigamente ou nos balcões, telefones e e-mails nas cidades maiores, agora chegam em tempo real. Uma diferença crucial entre as duas épocas no que diz respeito à propagação de informação e de opinião é que o destinatário, na maioria das vezes, se importa com o remetente. Intermediários, comentaristas de variados assuntos e porta-vozes não detêm mais o monopólio quase que completo da distribuição de uma marca ou da mensagem de uma empresa.

Nós discutimos mais a respeito daquilo que nos cativa do que daquilo que nos causa incerteza. Ouvimos com mais atenção as pessoas com quem nos importamos do que aquelas pessoas que não conhecemos. E hoje em dia estamos nos comunicando em grande número, nossas opiniões e decisões de compra são afetadas e influenciadas mesmo que estejamos apenas no corredor de uma loja considerando as opções disponíveis ali.

Há alguns meses eu estava em uma loja de eletrônicos quando observei que um adolescente usava o Facebook para pedir recomendação a respeito de jogos de Nintendo Wii. Ele recebeu feedback em tempo real e usou a informação para decidir qual jogo comprar. Recomendações e pesquisas sociais contextuais são o futuro. É de se espantar que eu não esteja otimista em relação ao potencial em longo prazo da otimização de mecanismo de pesquisa (SEO)?

Os negócios que não são capazes ou não estão dispostos a participar dessa mudança provavelmente apresentarão queda nos lucros e na bolsa de valores. Essa é a melhor das hipóteses. No pior dos casos, não continuarão no mercado por muito mais tempo.

Poder ao Povo

Finalmente, quando se depararem com um serviço de má qualidade, políticas injustas ou apenas indiferença, há algo que as pessoas podem fazer. Agora, se os clientes têm uma reclamação que não conseguem resolver por canais tradicionais, eles podem expressar sua frustração por meio de postagens em redes sociais, o que pode gerar um alcance inimaginável. De repente, todos que já tiveram um problema com determinada empresa podem comparar cada situação e criar um alvoroço tão grande pelo boca a boca que a crise será inevitável. A AT&T, companhia de telecomunicações, sabe bem disso.

Giogio Galante, que expôs a AT&T em seu blog, chamado *So Long, and Thanks for All the Fish**, escreveu dois e-mails para o CEO da empresa, Randall Stephenson. Ele escreveu o primeiro depois que os representantes do serviço de atendimento ao cliente da empresa não autorizaram seu pedido de troca de iPhone; o segundo foi enviado com o intuito de expressar sua insatisfação com a AT&T sobre seu pacote de dados. Galante recebeu uma mensagem de voz de alguém da equipe de resposta da AT&T ameaçando tomar medidas legais caso ele tentasse contatar o CEO novamente. Por fim, ele recebeu (e aceitou) um pedido de desculpas de um vice-presidente sênior, mas o estrago já estava feito — a história tinha se espalhado por toda a internet e até a CNN, canal norte-americano de notícias, tentou entrevistar Galante, mas ele recusou. Imagine quantas pessoas que seguiam seu blog, depois disso tudo, decidiram trocar de operadora? Para a infelicidade da AT&T, muitas, com certeza.

Esse exemplo reflete perfeitamente a proporção que o boca a boca pode tomar. Há cinco anos ninguém se importaria com Galante. Ele teria contado para quatro pessoas. E daí? Talvez, se fosse influente, a reclamação poderia chegar aos ouvidos de um amigo jornalista, que teria escrito uma história a respeito da situação e forçado a empresa a levar a reclamação a sério. Mas isso seria uma exceção. A probabilidade de um jornal escrever a respeito de uma reclamação naquela época era baixíssima. Se houvesse um aspecto interessante, as chances de um programa jornalístico de renome exibir uma matéria ainda eram muito baixas, como foi o caso de Mona Shaw, que ganhou fama ao destruir a marteladas o computador de um representante de atendimento ao cliente. E hoje em dia? Não é necessário

---

* Desde que comecei a escrever sobre essa história, parece que Galante desativou seu blog.

um aspecto interessante em sua história. Basta você se importar o suficiente para falar sobre sua experiência e todos seus conhecidos se indignarão, assim como acontecia antigamente, caso o açougueiro Bob fosse injusto com um de seus clientes. É bem provável que a sua história pare em centenas de blogs influentes, e aí a AT&T pode ter um grande problema.

Tudo está ao contrário. Antes fazia sentido, no âmbito financeiro, que grandes empresas simplesmente ignorassem clientes que consideravam reclamões. Agora, clientes insatisfeitos têm o poder de fazer com que as empresas sofram as devidas consequências. É vergonhoso que esse tipo de situação tenha que acontecer para que alguns empresários levem as mídias sociais a sério! Isso significa que utilizam a internet apenas como forma de reagir a um possível prejuízo nos negócios. Mas a internet tem um potencial positivo, principalmente quando as empresas sabem usá-la corretamente. As mídias sociais são ótimas ferramentas para acalmar os ânimos, mas são ainda melhores para construir valor de marca e estabelecer um bom relacionamento com seus clientes. A partir do momento em que você deixa de ver a internet apenas como ferramenta para silenciar consumidores e começa a enxergá-la como uma forma de encorajar seus clientes a se expressar e se comunicar, um leque de opções se abrirá para que você promova sua marca e suas ações de marketing.

A Economia da Gratidão

As mídias sociais exigem que os empresários comecem a pensar como os donos daquelas lojas de cidades pequenas. De agora em diante, terão que pautar seu progresso com objetivos de longo prazo. Deverão permitir que funcionários de todos os cargos mostrem suas personalidades, seus corações e suas almas. E, por meio do tratamento personalizado de cada cliente, terão que se esforçar ao máximo para adequar o que as pessoas falam sobre suas empresas. Ou seja, esses empresários terão que reaprender as habilidades e a ética que a geração de nossos bisavós enxergava como algo inabalável e que aplicaram em seus negócios. Vivemos no que gosto de chamar de economia da gratidão, porque apenas as empresas que conseguem entender como prestar um serviço à moda antiga — e fazê-lo de maneira autêntica — terão chance de competir no mercado.

Reiterando, esse serviço precisa ser autêntico. Tenho as características de um CEO e me importo bastante com as linhas de produção, mas ainda mais com os meus clientes. Essa sempre foi a minha vantagem competitiva. Abordo os negócios da mesma maneira que qualquer discurso que eu dê, ou seja, tenho essa atitude tanto com um público de 10 pessoas quanto com um de 10 mil. Todo mundo é importante e recebe o melhor de mim. Muitas vezes chamamos de excelente profissional aquela pessoa que faz um bom trabalho de maneira consistente. Tento ser um excelente profissional a todo momento e exijo que todos com quem trabalho ou contrato façam o mesmo. Todos os meus funcionários precisam ter o mesmo tanto de cuidado que eu. Como vocês acham que vendo mais do que a Costco e a Wine.com? Começou com esforço, claro. Sempre digo que o real sucesso da Wine Library não foi por causa dos vídeos que postei, mas por causa das horas que investi me comunicando online depois de postá-los, criando contatos e construindo relacionamentos. Poderia ter falado com 1 milhão de pessoas por dia a respeito de vinho, mas se eu ou qualquer um que representa a Wine Library soasse falso ou puxa-saco, a empresa não seria o que é hoje. Você não pode subestimar a capacidade que as pessoas têm de identificar uma mentira — elas conseguem facilmente identificar uma tática que só visa lucro.

A mentira é um dos grandes motivos pelos quais muitas empresas falharam ao tentar fazer uso das mídias sociais.

Na Wine Library não usamos nosso charme apenas com aqueles que vão gastar muito ou com alguém que está insatisfeito, e também não respondemos questionamentos com linguagem formal. Mesmo reconhecendo que alguém com maior poder aquisitivo pode trazer mais lucro, tentamos não determinar se um cliente é mais valioso do que outro e, assim, se merece mais tempo e esforço. De qualquer forma, como seria possível saber qual vai gastar mais? Talvez você tenha um cliente que gaste apenas algumas centenas de dólares ao ano em seus produtos. Porém o que não percebe é que esse cliente está gastando dinheiro em outro lugar, talvez com seu concorrente. Não há como saber se o melhor amigo dele é um grande consumidor do tipo de mercadoria que você vende. Mas e se fosse possível construir um relacionamento, estabelecer uma conexão, conquistar esse comprador e fazer com que ele invista na sua loja 30%, 60% ou até 100% do que gasta? Ele se tornaria um consumidor com um potencial de compra muito maior. É por isso que cada cliente deve ser levado a sério. Isso é um princípio básico dos negócios que já foi discutido diversas vezes e ao qual algumas empresas dão a devida importância. Mas o campo de atuação, hoje em dia, é tão diferente do que costumava ser nos anos 1990 que as empresas já não conseguem entender a vantagem desse princípio. Valorizar cada cliente é uma obrigação na economia da gratidão.

Se houver um problema, nós da Wine Library nunca pensamos que, assim que o solucionarmos, não teremos mais que lidar com aquela pessoa. Conversamos com todos como se fôssemos sentar ao lado da pessoa à mesa de jantar na casa de sua mãe. Deixamos claro que queremos ajudar da forma que for possível e que nos importamos com toda e qualquer questão que surgir. E é a mais pura verdade.

Às vezes, não importa o quanto nos esforcemos, perdemos um cliente simplesmente porque outra pessoa estabeleceu um relacionamento com ele antes de nós. Geralmente, todo mundo tem mais de uma opção de loja quando busca algum produto. Algumas pessoas já me disseram que, apesar de gostarem do que faço e de viverem na mesma cidade que eu, compram de outra loja porque o dono as tratou bem. Eu digo: "Meus produtos são mais baratos, tenho uma melhor seleção de vinhos e também vou tratar você bem! Aliás, vou tratá-lo melhor!", mas não consigo ganhá-las, porque aquele outro relacionamento já existia antes de mim. Posso competir com o preço, com a praticidade e, se me dessem a chance, competiria com o bom relacionamento também. Mas não terei essa oportunidade a não ser que o concorrente vacile. E mesmo assim ele ainda ganharia uma segunda chance, porque o perdão é uma das características do bom relacionamento. Se eu insistir, talvez consiga ganhar uma porcentagem de clientes do meu concorrente, mas ele ainda será capaz de manter sua fatia de mercado com um serviço cuidadoso e de qualidade.

Qualquer pessoa que trabalhe para uma grande corporação pode não acreditar que essa mesma empresa ou um negócio exclusivamente online consiga construir um relacionamento amigável e leal com seus clientes do mesmo modo que um vendedor local. Mas lhe digo que consegue, pois vivenciei essa situação. Construí a minha empresa online da mesma forma que a minha loja física. Mas só funciona se todos os colaboradores abraçarem a causa. É por isso que, a menos que você esteja criando um novo negócio em que pode aplicar o cuidado como alicerce, precisa estar disposto a embarcar em uma mudança cultural completa para que cada funcionário se empenhe no atendimento ao consumidor e o faça de forma autêntica. Seu engajamento tem que ser verdadeiro, caso contrário não dará certo.

Um Presente para Clientes e Empresas

As pessoas querem esse nível de engajamento com as empresas com as quais fazem negócios. Elas sempre quiseram, mas perderam a autoridade de exigir. Agora reconquistaram esse poder e estão desfrutando dele. Mesmo o que era considerado o melhor serviço de atendimento ao consumidor já não é suficiente. Você tem que ser como um assistente e fazer tudo o que estiver ao seu alcance para que seu cliente se sinta reconhecido, apreciado e ouvido. Ele tem que se sentir especial, assim como a sua bisavó se sentia quando ia ao açougue do Bob ou quando comprava um novo chapéu, e você precisa fazer com que as pessoas queiram ser suas clientes. As mídias sociais deram as ferramentas necessárias para realizar esse tipo de façanha de forma escalável pela primeira vez em muito tempo.

Plataformas como Facebook e Twitter também são vantajosas, já que permitem feedback em tempo real. As empresas conseguem perceber quando suas propagandas fracas e sem graça são criticadas ou simplesmente ignoradas, e também quando suas campanhas criativas e autênticas são elogiadas e compartilhadas. Mesmo os setores que tinham resistência às métricas, como departamentos editoriais de jornais, recorreram às ferramentas de acompanhamento de resultados para ajudá-los a alocar recursos e adaptar conteúdo online para blogs e podcasts. Não há necessidade de tentar prever se a reação do público a uma marca, seja na TV, seja no jornal, vai ser positiva ou negativa — grande parte das vezes, essas reações estão no Facebook antes mesmo de uma propaganda ir ao ar. Na economia da gratidão, as redes sociais permitem um feedback intenso e em tempo real, sem a necessidade da técnica ultrapassada de grupo focal. Não me conformo com a quantidade de empresas que se opõem às redes sociais. O simples fato de que os clientes estão dispostos a falar com elas não apenas para reclamar ou elogiar, mas também para estabelecer um diálogo e oferecer opiniões e feedback, é fantástico! Essas empresas deveriam ser extremamente gratas pela oportunidade que têm hoje em dia de se adaptar rapidamente (e sem gastar muito) e melhorar suas estratégias.

Supere as Expectativas ou Perca o Jogo

Antes as pessoas ficavam satisfeitas se você lhes enviasse um boletim informativo e, de vez em quando, um cupom de 10% de desconto. Isso era considerado um ótimo engajamento de clientes. Não existia mais do que isso. Agora, os padrões foram elevados por empresas como a Zappos, que ficam ao telefone com você o tempo que for preciso, e Fresh Direct, um mercado online de Nova York que embala seus produtos em plástico bolha e lhe envia um pouco mais de aspargo só para lhe agradecer por ser um ótimo cliente. Algumas lojas são conhecidas por proporcionar pequenas gentilezas, como enviar recados de agradecimento alguns dias após o cliente passar por sua loja. Um exemplo disso é a Hem, em Austin, no Texas, que, além disso, também oferece vinho ou cerveja para seus clientes enquanto fazem suas compras. Mas quantas empresas online fazem o mesmo? Não muitas. E é por isso que a Wufoo, uma desenvolvedora online de HTML, ganha tanta publicidade quando seus clientes recebem uma nota de agradecimento escrita à mão, às vezes em cartolina e decorada com adesivos. O que é ainda mais especial nesse caso é que a Wufoo não envia esses recados para compras excepcionais, mas aleatoriamente para clientes antigos, apenas para agradecer-lhes por fazer negócios com eles.

A verdade é que quanto mais você oferece, mais as pessoas querem. Fico arrasado por querer viajar apenas na primeira classe. É bem melhor, e, agora que sei como é, não quero mais de outro jeito. Eu poderia comprar passagens de primeira classe com frequência, mas não faço isso porque não quero ser essa pessoa. A questão é: por que todo mundo no avião não recebe o mesmo tratamento dos passageiros da primeira classe? Acho que isso acontecerá, porque os passageiros exigirão. Não os privilégios — as castanhas e o champagne, ou mesmo as poltronas maiores com mais espaço para as pernas —, mas o respeito? A gentileza? Com certeza. Todas as empresas, não só aéreas, precisam começar a tratar seus clientes como se eles tivessem alto poder aquisitivo. Meu próprio pai se preocupava com o tipo de expectativa que nossa loja de bebidas poderia gerar, com medo do que isso ocasionaria. O que aconteceria se parássemos de oferecer mais? Tive que me esforçar para convencê-lo de que, se não fizéssemos desse jeito, outra pessoa o faria. Incluímos a filosofia do serviço de primeira classe nos negócios, e as pessoas adoraram. Elas voltaram, elogiaram, trouxeram alguns amigos que também o fizeram, e por meio de um atendimento ao cliente de qualidade e marketing boca a boca conseguimos construir uma base de clientes fiéis. (Caramba, a Wine Library seria muito maior hoje em dia se a gratidão já fosse difundida quando começamos!) Posteriormente, falaremos sobre como agir quando clientes fazem exigências absurdas, mas, na maioria das vezes, o tipo de serviço que as pessoas estão aprendendo a exigir não é incoerente: as empresas é que não estão acostumadas a prestá-lo.

Hoje em dia as pessoas esperam que você se importe com elas. Mas não apenas isso, elas também esperam que você prove que se importa de verdade. E a única maneira de fazer isso é ouvir, engajar, dar a elas o que desejam e, quando não for possível, ser honesto. Os consumidores querem apenas ser ouvidos e levados a sério. Só isso.

A Palavra Engajamento Não É um Palavrão

Difícil? Sim. Trabalhoso? Com certeza. Mas as empresas não têm mais escolha. Sei que, para muitos empresários, investir em engajamento é igual a encher a boca de algodão-doce: é delicioso, mas acaba rápido. Mostrarei, no entanto, que o risco de investir em estratégias de mídias sociais é o mesmo que existe em propagandas televisivas, de rádio, impressas ou em outdoors. Depois, focaremos o que precisa ser feito para que qualquer empresa — grande, pequena, B2B, B2C, descolada ou tradicional — possa usar as redes sociais para construir relações pessoais com seus clientes de maneira correta. Caso já tenha tentado usar as mídias sociais sem sucesso, só há duas explicações possíveis: seu produto ou serviço não é bom ou você não está sabendo usá-las ao seu favor. Suponhamos que seu caso seja a última opção apresentada.

Se houver qualquer falha na sua marca ou produto, ela ficará evidente a partir do momento em que você começar a usar as redes sociais de maneira correta. Não deixe que isso o impeça. Ouça as reclamações e sugestões (e também os elogios) de seus clientes e aproveite a oportunidade para resolver o problema; depois, use as mídias sociais para mostrar como sua empresa mudou para melhor.

Vou mostrar alguns exemplos de empresas que usaram as redes sociais de maneira correta e de que forma isso é benéfico nessa economia em que um "obrigado" honesto e oportuno — seja um aperto de mão, um comentário, seja uma amostra grátis — é extremamente vantajoso. Vou mostrar os efeitos de longo prazo de frases sinceras, por exemplo: "Como posso ajudar?", "O que posso fazer por você?", "Quanta gentileza", "Desculpe-me. O que posso fazer para corrigir esse erro?" ou, talvez ainda mais importante: "Estou tão feliz de ter notícias suas!" Tudo isso pode fazer com que o boca a boca a respeito da sua empresa alcance um maior número de pessoas mais rápido e de maneira mais efetiva. Ter êxito na economia da gratidão não consiste apenas em ser gentil e vender seu produto de maneira inofensiva. Qualquer pessoa pode fazer isso. Trata-se de aproveitar cada oportunidade para mostrar, de um modo memorável e exclusivamente seu, que você se importa com os seus clientes e com as experiências que eles têm com a sua marca.

A Definição de Cuidado

Imagine que você seja o CEO da Super Duper Fans Inc., uma empresa de ventiladores, e esteja sentado em um café quando ouve uma pessoa dizer para outra: "É, o barato sai caro. Estou tentando ser mais ecológico e diminuir o uso do ar-condicionado, então comprei alguns ventiladores. Não queria gastar muito e optei pelos da Super Duper, aqueles que têm um comercial muito bom na televisão."

"Ah, aquele com o macaco? Eu já vi, é muito engraçado!"

"Instalei os ventiladores e dois já quebraram. Claro, né? Muito ruins!"

Qualquer executivo, gerente ou vendedor que se importa com a empresa e acredita no que ela faz não hesitaria em abordar aquelas pessoas, se apresentar, defender o produto, se desculpar por qualquer inconveniente e pedir por uma chance de mostrar como aqueles ventiladores são bons. Poderia oferecer a substituição dos que vieram com defeito (com entrega grátis, claro) e incluir um cupom de 30% de desconto para outro produto da marca. Você faria isso em um piscar de olhos e não porque é bonzinho, mas porque se importa com a sua empresa e quer que todas as pessoas que compram seus produtos tenham uma boa experiência.

Agora me explique: se você se importa o suficiente com a sua marca para reagir dessa maneira a uma situação como a apresentada, por que não faria o mesmo caso lesse comentários semelhantes em uma rede social? Se há conversas sobre sua marca, seu produto ou seu serviço em cafés, salões de beleza e metrôs, elas também acontecem no Facebook, no Twitter, em blogs populares e fóruns online... e é possível "ouvir" todas elas. Essas conversas acontecem desde sempre, antes mesmo das redes sociais existirem, mas não tinham tanto alcance. Antigamente, a única coisa que uma empresa podia fazer era tentar ouvir o que estava sendo dito. Hoje em dia, o boca a boca é praticamente interminável, mas há uma vantagem que não existia antes: você e sua equipe podem não só participar da conversa, mas também disseminá-la. Ignorar essa opção é se tornar uma mosca solitária na parede — presenciar tudo o que dizem sobre você, mas ser impotente para reagir. Você está prestes a ficar frente a frente com um mata-moscas.

Suba a Bordo das Redes Sociais

Se você é um empreendedor, com certeza sabe que estou dizendo a verdade, porque se está tendo sucesso, é bem provável que já esteja interagindo com seus clientes online e offline com a mesma intensidade e o mesmo entusiasmo. Espero que minhas ideias e exemplos neste livro o inspirem a melhorar cada vez mais o seu negócio e sejam capazes de proporcionar ferramentas para ajudar outras pessoas na mesma situação que você.

Se quer ser CEO um dia, tem que acreditar nestes princípios. Mudar a cultura de uma empresa leva muito tempo e é preciso muita sutileza para que seja feito de maneira correta. Provavelmente você competirá com outras pessoas que já incorporaram a gratidão a todos os aspectos de seus negócios desde o primeiro dia em que fizeram uma conta no Twitter. Aqueles que começam a implementar essas estratégias com antecedência têm mais vantagem, mas não por conta do número de fãs e seguidores que possam vir a ter. Não sei o que essas pessoas que prometem doar milhões para o Haiti (se conseguirem 100 seguidores no Twitter) pensam que estão fazendo. Apenas doem milhões para o Haiti, oras! Não é o número de seguidores ou "curtidas" que você tem, mas sim a força da conexão estabelecida com seus clientes que mostra o quanto as pessoas se importam com o que você tem a dizer. Nesse contexto, aquele que estabeleceu mais relações autênticas ganha.

Os gerentes que amam o que fazem e desejam que a empresa em que trabalham consiga competir e prosperar precisam dar este livro aos seus CEOs. As pessoas certamente podem adaptar muitas das lições desta obra para melhorar sua marca pessoal e o modo como seu departamento se comunica e interage com as pessoas e organizações com as quais fazem negócios. No entanto, para que uma empresa realmente incorpore a gratidão, muitos processos e etapas precisam ser implementados a fim de que o resultado seja uma transformação cultural completa. Cada passo desse processo é fácil, mas é preciso comprometimento total para assegurar que eles tenham a força necessária para se desenvolver. Infelizmente, muitos CEOs têm medo da mudança, mesmo quando ela é benéfica em longo prazo. Pode parecer desagradável, mas isso é verdade e precisa ser dito. Estou certo de que, se os líderes empresariais não se preocupassem tanto com o valor das ações, bônus e números, cada um deles estaria investindo em mídias sociais agora. Quanto mais conhece o seu cliente, melhor pode adaptar o seu marketing para ele. Logo, é mais provável que esse cliente volte a comprar. Mas muitos desses líderes não podem se preocupar com o futuro em longo prazo porque sua sobrevivência (e seu bônus) depende dos resultados de curto prazo.

Em um voo que peguei recentemente, li um artigo da *Harvard Business Review* (eu sei, já disse que não lia nada da *HBR;* podem me chamar do que quiserem) que resumia perfeitamente o dilema enfrentado até pelos melhores CEOs: "Wall Street não concorda com inovação radical." O artigo dizia que os resultados de um estudo da Wharton School apontaram que, mesmo quando um setor estava prestes a sofrer grandes mudanças, analistas de Wall Street aprovavam estratégias empresariais baseadas em tecnologias obsoletas e pareciam ignorar ou minimizar o potencial de tentativas mais ousadas que visavam aproveitar tecnologias modernas. Wall Street coloca CEOs em situações complicadas, conforme descreveu Chris Trimble, na Tuck Scholl of Business em Dartmouth: "Alguns CEOs já me disseram que ignorar Wall Street é a única maneira de assegurar o futuro da empresa em longo prazo. Eles escolhem investir em inovação, aceitam o castigo de curto prazo (queda nos preços das ações) e esperam que essa punição não seja tão severa a ponto de perderem seus empregos." Nesse sentido, o que fazer para convencer os CEOs de que as mídias sociais são importantes quando as métricas que justificam essas iniciativas ainda não estão disponíveis?

Começar. Se você já começou, reveja o que está fazendo. Tente olhar por uma perspectiva diferente e reavalie. Esteja preparado. Esteja atento às novas ideias e inovações. Faça o que estiver ao seu alcance para trazer a sensibilidade da gratidão para a sua empresa de maneira que, quando finalmente estiver pronto para implementar as iniciativas necessárias, as bases já estejam estabelecidas.

As empresas conseguem sobreviver sem as mídias sociais, claro. Talvez o seu concorrente consiga pagar caro pelas propagandas em veículos de comunicação mais tradicionais, ou tenha um valor de marca já estabelecido por conta de um conteúdo excelente. Caso ele não faça uso de nenhuma mídia social, mas você sim, haverá uma chance de ultrapassá-lo. Não graças a qualquer plataforma — e não da noite para o dia; é uma maratona, não uma corrida de cem metros —, mas porque você entende que a cultura e a expectativa dos consumidores podem e vão mudar. Isso quer dizer que você está disposto a se adaptar e a ser flexível e, portanto, tem mais chance de sobreviver e ter sucesso na economia da gratidão.

Mais uma vez: se tiver sucesso nas mídias sociais, não será por causa da plataforma, mas porque compreende que a cultura e a expectativa dos consumidores podem mudar. Você está mais disposto a se adaptar e a ser flexível do que o concorrente. Se usar as mídias sociais da maneira certa, seus clientes vão comprar mais, ser mais fiéis, divulgar a sua marca e, caso seja necessário, defender você. Isso aumenta as suas chances de sobreviver e ter sucesso na economia da gratidão.

Você sabe que o mundo dos negócios mudou. Consegue sentir, não é? Vá a um shopping, um cinema, um estádio de futebol e veja o que as pessoas estão fazendo. Para o melhor ou pior, metade, senão mais, das pessoas está andando com a cabeça abaixada, dedos deslizando e digitando sobre a tela de seus celulares.

Embora garotas entre 14 e 17 anos consigam trocar mais mensagens do que qualquer outra pessoa — com uma média de 100 por dia em comparação aos meninos da mesma faixa etária, que enviam cerca de 30 diariamente — a troca de mensagens não está mais restrita a crianças. Em maio de 2010, 72% da população adulta trocava uma média de 10 mensagens por dia. Você acha que esse número era maior em 2013?

Quando estão em casa, esses adultos ficam sempre com o celular do lado, além de ficarem grudados em seus iPads e computadores. A maioria não está lendo apenas a página da AOL, eu garanto. Eles estão engajados com o conteúdo e com seus amigos no Facebook, Twitter, Foursquare, Digg e Reddit, e muitos outros sites que você provavelmente nem conhece. Então por que comprar espaço para publicidade em sites como AOL e Yahoo.com? Muitas das marcas que eram relevantes há cinco anos não suscitam mais respeito ou entusiasmo, porque insistem em se comunicar com seus clientes por meio de plataformas tradicionais de marketing. O número de clientes dessas empresas diminuiu drasticamente. Eles estão nas redes sociais; é necessário segui-los e falar com eles por lá. Se esperar seu concorrente fazer isso, ele não hesitará em fazer direito. Você perderá qualquer vantagem que possa ter tido.

Por exemplo, os clientes recorriam ao guia da Zagat para recomendações; era uma espécie de Bíblia dos apreciadores de gastronomia, uma marca de 20 anos que nunca deve ter lutado para sobreviver ou ser relevante. Ainda assim, pelo fato de ter demorado tanto para compreender que as expectativas e os desejos de seus clientes estavam mudando, a empresa teve que se esforçar muito para conseguir permanecer na competição. A história da Zagat é um grande exemplo que mostra como a resistência às mudanças e a incapacidade de planejar podem prejudicar uma gigante em um setor. Por outro lado, é também um bom exemplo sobre como empresas podem se reinventar e explorar as inovações que antes não estavam dispostas a entender. Para entender as batalhas que a Zagat vem travando, basta comparar seu desempenho ao longo dos anos com uma de suas grandes concorrentes, a Yelp.

1979: A Zagat teve a ideia de coletar a opinião de seus amigos e amigos de amigos a respeito dos restaurantes de Nova York para criar um guia informal e de confiança. Ao longo das duas décadas seguintes, *The Zagat Review* se torna uma força internacional reconhecida no mundo gastronômico, com mais de 100 mil pessoas contribuindo com resenhas e muitos leitores assíduos.

1999: A Zagat inaugura seu site, mas apenas assinaturas pagas têm acesso às resenhas completas.

2004: Jeremy Stoppelman e Russel Simmons, ex-funcionários do PayPal, criam a Yelp em um escritório em São Francisco. O site definitivamente moderno oferece acesso livre a resenhas de restaurantes, spas e outros negócios locais.

2007: A Yelp registra 5 milhões de acessos a seu site.

Janeiro de 2008: A Zagat tenta vender seu negócio por US$200 milhões. Ninguém se interessa.

Maio de 2008: A Yelp registra 10 milhões de acessos a seu site.

Junho de 2008: A Zagat se retira do mercado.

Julho de 2008: A Yelp lança seu aplicativo para iPhone. O aplicativo é gratuito.

Novembro de 2008: A Zagat lança um aplicativo para iPhone chamado Zagat to Go. Ele custa US$10.

Julho de 2009: A Zagat se mantém na lista dos dez aplicativos de iPhone mais usados na categoria de viagens.

Agosto de 2009: A Yelp, que ainda é um serviço gratuito, registra 25 milhões de acessos a seu site.

Setembro de 2009:	Zagat.com, que cobra uma taxa de adesão anual de US$25, registra 270 mil acessos por mês com uma tendência decrescente.
Dezembro de 2009:	A Yelp recusa uma oferta de US$550 milhões do Google e outra de US$700 milhões da Microsoft. "A Yelp tem a chance de se tornar uma das grandes marcas da internet", diz Stoppelman. "Isso, para mim, é a chance de uma vida."
Janeiro de 2010:	Seguindo o modelo do Foursquare, a Yelp adiciona a ferramenta de fazer check-in em seu aplicativo.
Fevereiro de 2010:	A Zagat se junta com o Foursquare. Usuários do Foursquare podem ganhar uma "Foodie badge", medalha que mostra que você é um grande apreciador de comida, toda vez que fazem check-in em um restaurante avaliado pela Zagat, além de receber recomendações de pratos.
Agosto de 2010:	A Zagat se torna a marca mais seguida no Foursquare pelo Osnapz, com 65 mil seguidores.
Agosto de 2010:	A Zagat passa a fazer parte do Foodspotting, que permite que pessoas postem fotos e comentem a respeito das comidas que amam, em vez de ler e escrever resenhas completas no aplicativo Zagat to Go.

Se a Zagat tivesse observado as inovações que surgiam, a Yelp jamais teria conseguido tomar seu lugar no mercado. No entanto, como se pode perceber, a Zagat deu um chute forte e acabou marcando alguns gols. É possível que marcas, sites e novas empresas consigam se inserir no mercado das gigantes desatentas às inovações, podendo até mesmo se tornar líderes. No entanto, se essas gigantes acordarem e começarem a fazer uso de seu valor de marca, é mais do que possível empatar o placar. Isso é uma boa notícia para qualquer grande organização que só agora reconhece a necessidade de fazer das mídias sociais sua prioridade. É ideal, entretanto, que qualquer grande empresa que acorde se adéque às mudanças porque querem e compreendem a necessidade de fazê-lo, e não porque, como a Zagat, foram jogadas para escanteio e não têm outra saída.

Não Se Trata das Mídias Sociais

Como eu disse em *Vai Fundo!*:

Mídias sociais = Negócios

O que é preciso ter em mente é que a gratidão vai muito além das mídias sociais, cuja chegada foi apenas um catalisador para a revolução que já se formava nas mentes daqueles consumidores cansados de se sentir isolados, desvalorizados e ignorados. *Gratidão* explica como as empresas precisam aprender a adaptar suas estratégias de marketing para aproveitar as plataformas que transformaram por completo a cultura do consumidor e a sociedade como um todo. Se estivéssemos em 1923, este livro se chamaria *Por que o Rádio Trará Mudanças*. Se estivéssemos em 1985, o título seria *Como a Amazon Dominará o Mundo Varejista*. Não estou propondo uma abordagem "tudo ou nada" — ainda existe espaço para as lojas físicas mesmo com a presença da Amazon, e a mídia tradicional ainda é relevante e valiosa. (Não pensou que eu falaria esse tipo de coisa, né? Espere até chegar no Capítulo 5.) Mas há muitas empresas que ainda resistem às mídias sociais, convencidas de que terão outra oportunidade, a qual, acreditam, será mais segura e estável, dando-lhes a chance de se adequar às mídias sociais da mesma forma que as empresas que já o fizeram antes. Mas elas estão erradas. Quando a próxima oportunidade surgir, outras mudanças igualmente desconhecidas já estarão acontecendo. As mídias sociais estão aqui para ficar, mas, com o tempo, alguma inovação tecnológica surgirá e dará àquelas pessoas corajosas, cientes de que a mudança é o único caminho disponível, outra chance de ficar um passo à frente daqueles que são avessos ao risco. (Acho que qualquer bom observador consegue perceber que os dispositivos móveis serão as próximas ferramentas para conquistar uma fatia do mercado... Diga-me que você tem uma estratégia relacionada a dispositivos móveis...) O que não mudará, no entanto, é a cultura — a expectativa — de comunicação, transparência e conexão que as mídias sociais reviveram. Vivemos em um mundo em que qualquer um que tenha um computador pode estar presente na internet e, por consequência, possuir uma voz nesse ambiente; o que acontecer posteriormente apenas aumentará o poder do boca a boca. A proliferação de blogs com seção de comentários e a transparência do Facebook e do Twitter marcaram uma reviravolta econômica. As pessoas pensavam já ter presenciado uma mudança cultural significativa quando a internet passou a fazer parte da vida cotidiana, mas a mudança maior ocorreu quando ela permitiu que interações interpessoais acontecessem. Aprenda como implementar a cultura do cuidado e da comunicação na sua empresa, melhore o relacionamento com seus clientes e observe como eles recompensarão o seu esforço ao divulgar sua marca e seus serviços por meio do incrivelmente poderoso boca a boca.

CAPÍTULO DOIS

Transpondo Barreiras

Em 1997, pouco depois de lançar o WineLibrary.com, fui convidado para uma conferência organizada por um departamento local da Associação Comercial de Nova Jersey para falar sobre vendas online. Era minha primeira palestra e me sentia entusiasmado. Estava sentado nos bastidores, tentando manter a calma, enquanto o outro palestrante subia ao palco. Ele usava gravata, era vice-presidente de uma empresa e tinha uma apresentação sofisticada em PowerPoint. O tema da sua palestra sustentava que o varejo online era uma farsa, não era prático e nunca decolaria, pois, como revelaram os dados de seus slides, ninguém na região central dos EUA estava comprando nem jamais compraria na internet. O Sr. PowerPoint perguntou à plateia: "Quantos de vocês já ouviram falar da Amazon?" Grande parte levantou a mão. Então ele questionou os espectadores se realmente concordavam que as pessoas abandonariam os relacionamentos estabelecidos ao longo dos anos com suas livrarias locais ou se evitariam a gigante Barnes & Noble.

Não o fariam. Isso ocorrera dois anos antes de o CEO Jeff Bezos ser nomeado Personalidade do Ano pela revista *Time*, com seu nome logo acima do subtítulo da capa: "O e-commerce está mudando a maneira como as pessoas fazem compras." Quatro anos depois da palestra, a Amazon atingia seu primeiro lucro líquido trimestral. O Sr. PowerPoint comparou a crescente participação de mercado da empresa com seus lucros inexistentes e disse que um dia todos nós olharíamos para trás e diríamos: "Lembra aquela tal de Amazon?"

Meu sonho de curto prazo na época era criar uma Amazon para vinhos, e o público para quem eu estava prestes a explicar sobre ele olhava para as tabelas e gráficos daquele palhaço do PowerPoint como se fossem as tábuas dos Dez Mandamentos de Moisés. Ao terminar, ele disse: "Esse garoto aqui agora vai lhes explicar como venderá vinho na internet. Quantos de vocês aqui comprariam?" Apenas 1 ou 2 pessoas de 60 ou 70 levantaram as mãos.

Sabe que, se isso tivesse acontecido em 2010, a palestra teria sido gravada e eu poderia postar para mostrar a todos o quão idiota aquele palestrante foi. Mas, acredite ou não, embora tivesse me chamado de garoto, ele ganhou o meu respeito por me desafiar. Gosto de pessoas com espírito competitivo e audacioso; elas me fazem querer entrar na luta. Mas isso não significa que eu tenha vencido a batalha naquele dia. Subi ao palco e comecei minha palestra dizendo o seguinte: "Com todo o respeito ao Sr. PowerPoint, ele não faz ideia do que está falando. Futuramente, perceberá que está equivocado. E sinto muito por ele." Continuei contando a minha história e dei ao público o meu melhor e mais sincero argumento sobre o motivo pelo qual a internet seria para os varejistas o que a máquina de impressão foi para os escritores. Até o final, a plateia permaneceu muito cética e desinteressada.

Os empreendedores têm uma espécie de sexto sentido que lhes diz quando há grandes mudanças. O artigo da revista *Time* que acompanhou o prêmio de Bezos de Personalidade do Ano descreve melhor essa questão:

> Toda vez que ocorre um abalo sísmico em nossa economia, há pessoas que percebem as vibrações muito antes do resto de nós, vibrações tão fortes que exigem ação — que pode parecer precipitada ou até mesmo estúpida. Cornelius Vanderbilt, empresário do ramo de transporte marítimo, abandonou o barco quando viu a chegada das ferrovias. Thomas Watson Jr., maravilhado com sua visão de que os computadores estariam em todos os lugares, mesmo quando não estavam em lugar nenhum, apostou na empresa de máquinas de escritório do pai: a IBM.
>
> Jeffrey Preston Bezos teve a mesma sensação quando observou pela primeira vez a rede interligada de computadores conectados chamada World Wide Web e percebeu que o futuro do varejo reluzia em frente aos seus olhos.

Em retrospectiva, não consigo argumentar contra o ceticismo do Sr. PowerPoint, nem posso culpar o público por desconsiderar a maior parte do que eu tinha a dizer. O DNA da maioria das pessoas simplesmente não lhes concede as habilidades visionárias de um empreendedor. Elas não veem potencial no desconhecido, mas uma ameaça à sua zona de conforto. Logo, sua reação instintiva é erguer uma barreira que as separa de qualquer coisa nova ou não comprovada, especialmente quando se trata de tecnologia. Quase 90% dos norte-americanos possuem celulares, mas as pessoas da minha idade ainda se lembram de quando muitos questionavam a necessidade, e até mesmo a sensatez, de estar acessível por telefone a qualquer momento. Há somente quatro anos, de fato, usávamos esses aparelhos para conversar, e não para enviar e receber mensagens de texto. E ninguém jogava Farmville no Facebook.* Quantos dos atuais 500 milhões de usuários dessa rede social juraram que nunca a usariam?** Há uma razão para existir um abismo entre inovadores — indivíduos que adotam ansiosamente novas tecnologias — e a maioria das pessoas.

A maioria dos empresários passa muito tempo do lado errado do abismo, escondendo-se atrás de frases batidas como "Não se gerencia o que não se mede". Foi assim que meu rival do PowerPoint me venceu em 1997. Ele apresentou estatísticas de fontes em que o público confiava; qualquer uma que eu pudesse utilizar era proveniente de pesquisas que ainda não haviam alcançado um padrão aceitável. Não importava o quão forte sentisse as vibrações do futuro, pois sem estatísticas de fontes tradicionais indicando que a internet mudaria a maneira como os norte-americanos compravam e vendiam, desde livros e vinho até papel higiênico e aspargos, não conseguiria conquistar a mentalidade corporativa.

O mundo corporativo dos Estados Unidos atualmente ama o e-commerce, claro, mas os líderes, gerentes de marca e profissionais de marketing simplesmente ergueram novas barreiras, dessa vez distanciando suas empresas das mídias sociais, enquanto se agarram desesperadamente à segurança que as estatísticas proporcionam. Infelizmente, se esperar que as mídias sociais provem sua eficácia antes da sua decisão de investir no engajamento com seus clientes, você perderá sua maior oportunidade de ultrapassar seus concorrentes.

---

* Você poderia me enviar um e-mail contando quanto gastou ou está gastando em bens virtuais desde 2014?

** Eu não acho que isso seja uma pergunta retórica. Se você for uma dessas pessoas, eu adoraria saber. Aguardo sua confissão no e-mail gary@vaynermedia.com.

A Resistência Não Matará Você de Imediato

O que o cocheiro deveria ter feito quando presenciou o surgimento do automóvel? Esperado ter menos de três viagens por dia para considerar que talvez precisasse fazer uma mudança em como ganharia a vida? Ou ter vendido rapidamente seus cavalos? Vender os malditos cavalos, claro! Os líderes das empresas podem não constatar sua falta de participação nas mídias sociais refletida em seu DRE, mas garanto que, a menos que algo afunde a empresa primeiro, eles constatarão. Ignorar uma ameaça não significa necessariamente que ela não exista. O fumo leva a pessoa à morte? Não necessariamente. Nem todo mundo que fuma morre de câncer de pulmão. Se os fumantes vivem o suficiente, há muitas outras coisas que podem matá-los. Da mesma forma, você não irá à falência amanhã se não estiver no Facebook e no Twitter e se tornar um blogueiro e começar a criar conteúdo e comunidades. Mas o risco de que sua empresa morra antes do tempo aumenta a cada dia caso as mídias sociais não sejam utilizadas. Acha que a Barnes & Noble e a Borders perceberam a chegada da Amazon em 1997? Claro que sim. Só que as estatísticas as distraíram ao atestar que a Amazon não estava nem perto de lucrar, e a Barnes & Noble e a Borders ainda eram as duas maiores varejistas de livros no país. Mesmo que alguns executivos de ambas as empresas pudessem sentir que a mudança estava chegando, provavelmente preferiram acreditar no que as estatísticas mostravam. Afinal, duvidar dos números significaria revolucionar e se empenhar insanamente, e é muito mais fácil fazer as coisas do jeito que sempre foram feitas. A B. Dalton, de propriedade da Barnes & Noble, não faliu em 1999, nem em 2001 e nem sequer em 2003. Foi apenas em janeiro de 2010 que a última loja fechou suas portas. Aconteceu, mas não precisaria ter acontecido. Assim como aquele cara que deixa de fumar só depois de ser diagnosticado com câncer de pulmão, quando a B. Dalton percebeu que a Amazon era uma força a ser considerada, já era tarde demais.

Nenhuma grande empresa perde para uma pequena empresa se estiver totalmente comprometida em vencer a luta. Não havia razão para que companhias gigantescas, como a Barnes & Noble ou a Borders, não investissem significativamente na contratação das pessoas certas para enfrentar a Amazon com toda sua força. A Barnes & Noble entrou na internet em 1997, mas não completamente; do contrário, a Amazon não teria dominado boa parte de seu mercado. Os executivos da Barnes & Noble deveriam ter feito a mesma coisa que faço toda vez que uma nova loja de bebidas que possa ser uma ameaça abre nos arredores — nocautear seu concorrente com investimento em propaganda e marketing (mesmo que não abram perto de mim, pode ter certeza de que estou prestando muita atenção ao que essas lojas estão fazendo). A Barnes & Noble deveria ter enfrentado a Amazon da mesma forma que a Fox e a NBC encararam o Google ao desenvolver o Hulu, um verdadeiro rival para combater o YouTube.

No momento, eu diria que a mídia social é semelhante a um rim — é possível sobreviver com apenas um, mas suas chances de chegar à velhice são muito maiores com dois. Porém acho que, no fim das contas, as mídias sociais serão tão importantes para uma empresa quanto ter um coração forte.

CAPÍTULO TRÊS

Por que Pessoas Inteligentes Dispensam as Mídias Sociais e Por que Não Deveriam Fazer Isso

Nos últimos seis anos, tenho conversado com várias empresas sobre os benefícios das mídias sociais, e grande parte dos motivos que ouvi sobre por que os líderes não querem investir nelas se relaciona ao medo. Conforme já abordei, Wall Street não facilita para que as empresas se arrisquem. Talvez houvesse certo risco no começo, mas, a essa altura, os riscos que as pessoas evitam existem apenas na mente delas. Entendo que isso pode ser difícil de acreditar ao se deparar com algumas manchetes dizendo "A maioria das marcas ainda é irrelevante no Twitter" e "Redes sociais podem não ser tão lucrativas quanto muitos pensam". Pode ser que, por enquanto, essas manchetes e outras semelhantes sejam tecnicamente verdadeiras. E se forem, em quase todos os casos, o motivo é o mesmo — a maioria das empresas que já tentam utilizar plataformas de mídia social não o faz corretamente. Em outras palavras, se você não consegue driblar bem ou acertar o gol não significa que há uma falha em sua bola de futebol. O motivo pelo qual essas empresas não usam as mídias sociais de forma correta geralmente é porque elas não estão totalmente comprometidas com essa prática; elas ainda não entenderam que a intenção importa. Sem dúvida, utilizá-las é necessário, do contrário seus concorrentes lhe ultrapassarão. No entanto, o modo como falamos e nos comportamos quando fingimos nos importar é muito diferente de quando o fazemos de verdade. Nossa intenção afeta a força de nossas ações. Logo, se um líder colocar sua empresa nas mídias sociais simplesmente porque seu concorrente está fazendo isso e a intenção dele não for infundir seu negócio em todos os aspectos e princípios da gratidão, é claro que ele nunca colherá todos os benefícios. Será como aquele nadador profissional que fica à beira da piscina por um mês, mergulhando os dedos e analisando a água, e que depois reclama que as marcas de tempo não estão melhorando.

Em geral, há 11 desculpas que já ouvi repetidamente das empresas para justificar a recusa em se comprometer e investir nas mídias sociais, e quero analisar todas elas. Caso seja um cético, espero que encontre aqui novas informações que o convençam de que a hora de agir é agora. Caso esteja ansioso para fazer com que sua empresa se conecte a um nível mais profundo com seus clientes, mas enfrenta resistência, espero que essas páginas forneçam argumentos e evidências que possa usar ao apresentar essa questão aos diretores da sua empresa ou departamento. Uma coisa é certa: até que os líderes transponham essa barreira, eles terão muitas dificuldades ao tentar conduzir suas empresas tranquilamente e com sucesso pela economia da gratidão.

1. Não Há Retorno sobre Investimento.

Gerentes e líderes corporativos são obcecados por números, pois são muito importantes, se não para eles pessoalmente, para seus superiores, acionistas e a mídia financeira e corporativa. Entendo. Mas vamos lá: qual é o ROI para qualquer tipo de atenção ao cliente? Existe uma fórmula que calcula quantas interações positivas são necessárias para compensar uma venda ou uma recomendação? Não, mas até agora os bons gerentes e vendedores já sufocaram seus clientes com gentilezas de todo tipo, pois, mesmo sem números concretos para quantificar o ROI, eles sabem por instinto que conquistar a confiança de um cliente é fundamental.

A Nielsen tem estatísticas que comprovam que a relação entre gerar confiança e fazer uma venda não é apenas teórica. Quando a empresa realizou um estudo sobre o que impulsiona a confiança do consumidor, os resultados foram evidentes: quase 70% das pessoas recorrem *à família e aos amigos* para orientação quando tomam decisões sobre compra. Onde elas têm conversado com familiares e amigos ultimamente? O Facebook informa que 60% das pessoas online estão nas redes sociais, e metade delas as acessa todos os dias. Se há um retorno sobre investimento com base em amigos e família, ele também existe nas mídias sociais. "Muitas vezes esquecemos a relação simbiótica entre confiança e ROI", diz Pete Blackshaw, da NM Incite, uma joint venture da McKinsey and Nielsen, e também autor de *O Cliente É Quem Manda: Como ter sucesso num mundo em que os consumidores satisfeitos divulgam suas experiências para três pessoas e os insatisfeitos para 3 mil.* "Se os consumidores confiam em outros consumidores mais do que na publicidade tradicional, e as plataformas para transmitir suas recomendações confiáveis agora alcançam bilhões de pessoas, o ROI deve ingressar nessa zona óbvia. Claramente, há nuances nos elementos de execução, e algumas técnicas ou táticas de mídia social certamente gerarão mais retorno do que outras, mas a visão geral é evidente."

Quando confrontadas com duas opções semelhantes, as pessoas muitas vezes associam sua escolha de compra a alguém conhecido. Meus amigos compram na Wine Library e desviam de seu caminho para ir à loja. A maioria de meus conhecidos do ensino médio compra na Wine Library também. Há um consumidor da Dell por aí que compra da empresa porque tem um tio que trabalha lá. Há muita gente que nunca parou de abastecer nos postos da Exxon após o vazamento do petroleiro Valdez ou, mais recentemente, da BP. Apesar de estarem aborrecidas com as catástrofes ambientais que essas empresas causaram, as pessoas têm amigos ou parentes ligados a essas companhias. As redes sociais, que divulgam as preferências e interações de famílias e amigos com as marcas, permitem que haja muito mais possibilidades de associações pessoais que possam levar a decisões de compra.

O ROI do engajamento de uma empresa com um cliente aumenta conforme os laços dos relacionamentos. O retorno oriundo do relacionamento com sua mãe será muito maior do que aquele que você tem com um bom amigo. Ambos, no entanto, são mais valiosos do que o que você tem com um conhecido, o qual supera o relacionamento com um estranho. Sem as mídias sociais, você e seu cliente se tornam estranhos; com elas, dependendo de seus esforços, é possível melhorar sua relação para que se tornem conhecidos e, ao longo do tempo, até mesmo amigos. O poder desse relacionamento pode converter um usuário de internet casual em um comprador dedicado, ou um comprador em um defensor da sua marca.

Toda empresa deveria se dedicar à transformação de clientes em defensores — seu valor é inestimável. De acordo com um estudo da IBM sobre os padrões de compra do consumidor no varejo online:

- O montante gasto pelos defensores é 33% maior do que de outros clientes.

- Defensores gastam cerca de 30% a mais com seus varejistas online favoritos do que outros clientes.

- Defensores mantêm-se por mais tempo apegados e são menos propensos a mudar para a concorrência, mesmo que produtos similares a preços similares sejam oferecidos.

- Defensores têm um valor vitalício significativamente maior do que clientes regulares, pois eles não apenas gastam mais agora, mas possuem maior probabilidade de continuar gastando e até mesmo aumentar seus gastos com o passar do tempo.

Não se nasce defensor; torna-se defensor. De acordo com a Nielsen, os consumidores geralmente são mais motivados a entrar em contato com uma empresa para fazer uma reclamação do que um elogio. No entanto, estão dispostos a elogiar publicamente uma empresa quando tiverem a oportunidade de fazê-lo. As mídias sociais permitem que as companhias lembrem seus consumidores do motivo pelo qual gostam de uma marca e os inspirem a falar publicamente, seja no site da empresa, seja por meio de canais nas redes sociais. A partir de um meticuloso estudo de engajamento do consumidor focado em mães online, Pete Blackshaw constatou o seguinte: quando as marcas começaram a investir em interações e conversas significativas com as mães, elas se tornaram 30% mais propensas a serem defensoras. Em outras palavras, elas estão dispostas a escrever avaliações online favoráveis sobre o produto, basicamente fazendo o marketing da marca. Segundo Blackshaw, os profissionais de marketing consideram as avaliações online uma das formas mais cobiçadas de expressão do consumidor, pois elas tendem a surgir perto da "realização de compra". Além disso, quanto mais cliques e links, maior a possibilidade de resultados nas pesquisas virtuais. O estudo mostrou também que mães que se tornam "amplamente participativas" — ao responder a perguntas de outras mães, fornecer informações e criar conteúdo online sobre o produto ou marca — fizeram as marcas economizarem 15% em suporte por telefone. No geral, as estatísticas mostram que há retorno significativo no envolvimento com os clientes e no fortalecimento do relacionamento. Blackshaw, que já prestou consultoria a centenas de marcas da Fortune 1000, diz que isso é uma realidade específica na fase inicial do lançamento de um novo produto: "As avaliações iniciais podem ser tão impactantes quanto um investimento em marketing de US$10 milhões quando se trata de moldar as primeiras percepções, mesmo entre a mídia tradicional, que se apoia nas mídias sociais para entender o que *realmente* está acontecendo com as marcas."

Mesmo que apenas uma pequena porcentagem de seus clientes se tornem verdadeiros defensores, há um tremendo ROI ao tratá-los da melhor forma possível. Segundo Jason Mittelstaedt, diretor de marketing da RightNow, uma empresa de consultoria de atendimento ao cliente que publicou o Customer Service Impact 2010 Report [Relatório de Impacto do Serviço ao Consumidor de 2010, em tradução livre], *85% dos consumidores norte-americanos pagariam de 5% a 25% a mais para garantir uma experiência de excelência.* Além disso, 76% deles dizem que apreciam quando as marcas e as empresas se interessam pessoalmente por eles. Em outras palavras: defensores e outros clientes dizem que querem um serviço de excelência e estão dispostos a pagar por isso. Será que há alguma dúvida de que uma experiência de excelência significa um envolvimento individualizado com os clientes, fazendo com que cada um se sinta valorizado e ouvido?

Reflita também sobre estas estatísticas extraídas do Relatório de Impacto do Serviço ao Consumidor de 2010:

- 40% dos consumidores migraram para um concorrente devido à reputação de um ótimo atendimento ao cliente.
- 55% citam um ótimo serviço, não produto ou preço, como principal motivo para recomendar uma empresa.
- 66% disseram que um ótimo serviço ao cliente foi o principal responsável por gastarem mais.

A lógica é evidente: há ROI comprovado em fazer o que for possível para transformar seus clientes em defensores da marca ou da empresa. Como? Ofereça um serviço de excelência ao cliente. Na economia da gratidão, um componente-chave desse tipo de serviço é o engajamento individual nas mídias sociais. É isso que o cliente quer e, como sabemos, quem manda é o cliente.

2. Métricas Não São Confiáveis.

As ferramentas para acompanhamento e medição de iniciativas em mídias sociais estão se tornando cada vez mais sofisticadas e confiáveis. Afinal, esses dados vêm da Nielsen. Se você anuncia na televisão, provavelmente tem tomado decisões financeiras amplas com base nas classificações da Nielsen por anos, confiando que elas informam às redes televisivas quem está assistindo a qual programa, de modo que os canais de TV possam cobrar uma fortuna para divulgar sua marca ao seu público-alvo. Durante a leitura deste livro, você também poderá confiar nas métricas com selo de aprovação da Nielsen para os anúncios online da sua empresa. Em setembro de 2010, a Nielsen anunciou que estava lançando uma ferramenta métrica de cruzamento de mídias capaz de analisar a eficácia de uma campanha online, com dados de classificações semelhantes aos já oferecidos para a TV. Qual foi um de seus primeiros parceiros a testar a nova ferramenta? O Facebook. No comunicado de imprensa, Steve Hasker, presidente de produtos de mídia da Nielsen, afirmou: "Esse novo sistema proporcionará aos profissionais de marketing uma melhor compreensão de seu ROI e dará às empresas de mídia uma ferramenta fundamental para comprovar o valor de seu público."

Mas e o engajamento? A nova ferramenta da Nielsen mede o efeito de anúncios online, mas não se o tempo que uma empresa passa conversando com os clientes online resulta em vendas. Vamos lá: em 1990, quantos executivos imaginaram gastar dinheiro para postar banners naquela coisa chamada internet? Anunciar produtos em videogames? Isso era impensável. Que tal pagar por SEO? Que negócio é esse? Hoje em dia se investe muito em SEO.* Tudo aquilo em que confiamos hoje para saber como nossos esforços de marketing funcionam já foi novo e arriscado. E, de repente, não era mais. Acontecerá o mesmo com as mídias sociais e as métricas que as acompanham.

Em 2010, a *Adweek* informou que a Vitrue, uma empresa de gerenciamento de mídias sociais, calculou que 1 milhão de seguidores

---

* Aliás, é melhor repensar o dinheiro investido em SEO. Não sou um grande fã e acho que seu valor como ferramenta de reconhecimento de marca enfraquecerá à medida que as plataformas se desenvolverem e alavancarem o relacionamento entre negócio ou marca e quem pesquisa informações. Lembre-se do garoto que vi na Best Buy, que usou uma atualização de status para obter de amigos as informações necessárias para escolher um jogo de videogame.

no Facebook valiam US$3,6 milhões em "mídia equivalente" ao longo de um ano; US$3,60 por pessoa interessada o suficiente para seguir sua página não é pouco. Se esse número viesse da Nielsen, todos na área de marketing e publicidade o considerariam a Palavra de Deus. As métricas já existentes vêm sendo refinadas com uma velocidade impressionante, e, assim, os padrões fixos que executivos tanto desejam logo surgirão.

Ainda haverá formas de os consumidores enganarem o sistema? Claro. Mas a grande maioria das pessoas no Facebook e no Twitter está, de fato, vivendo dentro das mídias sociais. Se não houver gente por lá, não há conversa. Se houver distração ou desinteresse, ela se modifica. Os dados coletáveis pelas empresas sobre o que os clientes conversam, com quem falam e a frequência das conversas são bem menos ambíguos. Os problemas para medir com precisão as impressões, que assolam a mídia tradicional, se deslocarão para os anúncios online, mas os dados sobre a experiência e a percepção de marca pelos consumidores está disponível em todos os tuítes, curtidas, símbolos de coração, comentários e compartilhamentos. E o melhor: no engajamento individual, é possível pedir esclarecimentos, solicitar detalhes e realmente se aprofundar sobre os sentimentos do seu cliente.

Toda plataforma de mídia tem falhas. Quando sugeri pela primeira vez que comprasse alguns anúncios do Google, meu pai não estava convencido de que era uma boa ideia. Como saberíamos que pessoas de verdade haviam clicado? E se fossem apenas nossos concorrentes querendo que pensássemos que os anúncios estavam funcionando e aumentando nosso orçamento? Bem, não dava para saber. Mas tinha certeza de que meus concorrentes estavam ocupados demais com seu próprio marketing para perder tempo sabotando o meu. O

Google afirmou ter um algoritmo para evitar fraudes e, para mim, era do interesse da empresa me proteger. Acredite: eu não estava no negócio para perder dinheiro, mas pensava em longo prazo, e esse pensamento exige que você analise todas as opções, incluindo as que podem demorar um pouco para dar retorno. Todas as decisões de compra de mídia se baseiam em suposições fundamentadas, então não faz sentido hesitar em usar uma nova ferramenta, especialmente se o custo de entrada for baixo.

3. As Mídias Sociais Ainda São Muito Recentes.

O método de esperar para ver, explorado pela maioria das empresas ao considerar quando investir em plataformas tradicionais, não funcionará com as mídias sociais. Ser o primeiro do mercado tem impacto neste mundo hiperveloz. As empresas não podem apenas gastar dinheiro e entrar no jogo. Antes, não importaria se, hipoteticamente, a Nike (que não foi fundada até meados da década de 1970) olhasse o rádio quando foi inventado e dissesse: "Nossa Senhora, isso vai ser incrível e estará em todos os carros!", e conseguisse uma vantagem de US$3 milhões sobre a Adidas. Seis anos depois, se a Adidas olhasse ao redor e dissesse: "Caramba, a Nike estava certa!", e entrasse na plataforma com uma campanha de US$4 milhões, conseguiria alcançar a Nike, se não ficar à frente. Tudo o que a Adidas teria que fazer seria gastar muito dinheiro para transmitir sua mensagem, e o consumidor a engoliria, porque seria recorrente demais para não ser percebida. Ela poderia ter superado a presença precedente da Nike com volume, impulsionamento. Mas as empresas não podem fazer o mesmo nas mídias sociais. Por isso é que atualmente esses seis anos que a Nike teria à frente da Adidas contariam muito. Afinal, seriam seis anos de vantagem nos quais a Nike teria marcado presença, conversado com as pessoas e as convidado a responder e, assim, criado um vínculo emocional e consolidado sua relação com o consumidor. A Adidas não seria capaz de surgir do nada e milagrosamente criar relacionamentos que não existiam. Ela teria dificuldade em afastar os clientes da Nike devido à conexão emocional deles com a marca.

Só que a Adidas não estaria fora do jogo. Se seus líderes canalizassem seus esforços na direção certa e criassem uma campanha que realmente se comunicasse com as pessoas, e fizessem os consumidores sentirem que a Adidas se importava mais com eles e com os negócios do que a Nike, ainda conseguiriam preencher essa lacuna emocional. Poderia demorar um pouco, mas definitivamente seria possível.

Pela primeira vez, imploro às empresas que sigam o caminho mais fácil. Adotar o engajamento individualizado com o cliente oferece recompensas significativas em longo prazo. Porém a empresa também terá vantagens imediatas — maior reconhecimento de marca, maior fidelidade à marca, aumento do boca a boca, melhor compreensão das necessidades do cliente e, melhor ainda, feedback mais rápido do consumidor — e, caso haja desvantagens, serão poucas. No entanto, a desvantagem de resistir ao engajamento com as mídias sociais é clara: quanto mais você esperar, mais a concorrência poderá avançar.

Aderir às plataformas de mídia social com antecedência lhe dá uma tremenda vantagem, porque as pessoas estão mais engajadas desde o início à medida que exploram todas as suas possibilidades; há mais conversas, mais uso geral e mais chance de receber atenção. Você não precisa gritar e espernear para ser ouvido. Ser o primeiro em cena não é o mais importante, e certamente é possível alcançar a concorrência mais tarde, mas seu custo de entrada será significativamente maior e você precisará trabalhar muito mais.

Não há como causar o mesmo tipo de impressão das plataformas tradicionais de mídia. Não se trata apenas de replicar a mesma imagem repetidas vezes até que sua marca fique gravada na mente das pessoas, mas de construir relacionamentos, e isso leva tempo. Os 12 meses que você espera para entrar no jogo é tempo suficiente para que seu concorrente se conecte e construa cortesia e confiança com os clientes que poderiam ter sido seus. Nessa plataforma, não são apenas os 30 ou 60 segundos de um anúncio bem colocado que têm valor. Todo o tempo conta, assim como acontece no mundo real.

Durante os meus primeiros três anos e meio no ensino médio, estava tão envolvido em meu negócio de cards de beisebol e no meu trabalho na Wine Library, que antes se chamava Shopper's Discount Liquors, que quase nunca socializava com meus colegas de classe. Então, na semana do saco cheio do último ano escolar, percebi que ficaria de fora e que era minha última chance de me enturmar. Assim, resolvi investir na socialização. Tenho uma personalidade extrovertida e um bom senso de humor, então me tornei mais popular rapidamente. No entanto, será que eu teria a mesma conexão com amigos do ensino médio do que os colegas que investiram todos os quatro anos para construir relacionamentos uns com os outros? Claro que não. Amizades reais e duradouras exigem investimentos emocionais, e eu demorei demais para fazer isso. Relacionamentos pessoais e nas mídias sociais funcionam exatamente da mesma maneira — você colhe o que planta. Não se pode comprá-los, forçá-los ou transformá-los no que não estão preparados para ser.

Quanto mais hesitar em construir uma presença nessa plataforma, mais se esforçará para fazê-la funcionar a seu favor. Esse é o motivo pelo qual tantas marcas, especialmente as de celebridades, têm dificuldades com isso. Muitos grandes nomes não estão no Twitter e no

Facebook porque temem que, se o fizerem agora, possam prejudicar sua marca mais do que beneficiá-la. E se entrarem nas mídias e seus números não forem impressionantes? E se não atraírem o enorme bando de seguidores ou fãs que acham que têm?* Como sempre afirmo, embora o número de pessoas com quem você tem conexões seja muito menos importante do que sua qualidade, o fato é que a maioria observa esses números e o julga por eles. Estatísticas ruins podem prejudicar uma marca. Se essa plataforma funcionasse como a TV ou o rádio, uma celebridade ou uma marca estabelecida poderiam simplesmente comprar uma base de fãs de outra pessoa para melhorar sua imagem, da mesma forma que companhias compram empresas menores ou bancos de dados. Mas é aí que está: as plataformas atuais não funcionam como as de antigamente. Mesmo se você pudesse adquirir a base de fãs de outra pessoa para aumentar seus números, eles existiriam apenas por causa do relacionamento que foi construído, o qual é totalmente dependente de uma interação autêntica sustentada entre marca e cliente. A Rihanna não pode comprar os fãs do Kanye West; a Blue Bell não pode comprar os fãs da Ben e Jerry's. A Amazon pode comprar a Zappos, mas não seus fãs. A Amazon poderia fazer o que muitos compradores fazem — incorporar a empresa recém-adquirida à empresa-mãe, adaptar os processos de negócios da Zappos aos seus, controlar seus estoques, sugar-lhe toda a alma e mudar tudo, exceto o logotipo. A Amazon herdaria os clientes, com certeza, mas não o relacionamento com eles. Se a Zappos não fosse mais a Zappos que conheciam e amavam, os clientes abandonariam o barco, e, por fim, a Amazon não ganharia nada com a aquisição. Felizmente, a Amazon sabe que o segredo para o sucesso da Zappos

---

* As únicas pessoas que devem temer números baixos são aquelas que elevaram artificialmente seu valor e sua popularidade.

é deixá-la como está e manter sua alma intacta e, dessa forma, provavelmente ela colherá os benefícios que busca adquirir.

Para alcançar um líder, é preciso atirar-se na água. Mas e se algumas pessoas perceberem que seus números estão um pouco baixos? Acredito que estamos em uma era na qual mais pessoas reconhecerão o valor da qualidade em detrimento da quantidade. Até lá, o efeito de números baixos em sua marca parecerá uma picada de abelha em comparação com o ferimento hemorrágico de um tiro se você permanecer inerte. Entre de cabeça na piscina e comece a nadar melhor e mais rápido do que qualquer outra pessoa. Tome essa atitude sendo mais genuíno e cuidadoso, criando um conteúdo melhor, ficando a par das novidades e sendo mais engajado. Em outras palavras: seja o melhor. Aja como aquele cara que se apaixona pela garota que acabou de levar um fora do amor da vida dela. O que faria para fazê-la esquecer o rapaz e perceber que você vale dez desse cara? Com uma quantidade inacreditável de paciência, persistência e compreensão. Aja do jeito certo, com sentimento genuíno, e há uma chance de que um dia ela olhe para você da mesma maneira que costumava olhar para ele.

As pessoas querem ter relações próximas com suas marcas. Ainda pode soar um pouco estranho atualmente, mas um dia será normal. O momento certo para começar a construir esses relacionamentos é agora.

4. A Mídia Social É Apenas Outra Tendência Passageira.

Uma razão pela qual os líderes corporativos e de marketing podem demorar a aceitar as mídias sociais é que, apesar de toda a conversa sobre a rapidez de mudança do mundo dos negócios e como velocidade é essencial, as plataformas permaneceram impressionantemente estáveis. Jornais e revistas têm nos atraído com manchetes e fotos chamativas por centenas de anos. Foi apenas em 1922 que o rádio deu às empresas uma nova plataforma a ser experimentada, e então foi preciso esperar mais de duas décadas para que a TV lhes desse outra oportunidade no final dos anos 1940 e 1950. Depois disso, 40 anos se passaram até que a internet chegasse.

Tendo em vista o quanto as empresas se acostumaram com a previsibilidade e estabilidade das plataformas unidirecionais, não surpreende que a maioria dos líderes corporativos e de marketing tenha se mantido cética quanto à viabilidade das mídias sociais como a grande novidade. Mas há um ditado na NFL [Liga Nacional de Futebol Americano]: a velocidade mata. Há 10 anos, um jogador de 1,80m e 81kg nunca seria convocado. Atualmente, um running back rápido, baixo e ágil, como Noel Devine, conseguiria entrar de primeira. A liga mudou muito em uma década e, por consequência, o jogo mudou totalmente. O mesmo ocorreu com as mídias sociais, mas em menos tempo. Elas fizeram com que os níveis de comunicação impensáveis há 10 anos se tornassem a regra hoje em dia. O crescimento e as mudanças tecnológicas que vivenciamos atualmente têm impacto mais rápido e maior nos negócios do que antes. Não se pode esperar que a entrada de um produto no mercado siga o mesmo padrão que, digamos, o Walkman há 30 anos.

Alguns gerentes de marketing descartam a ideia de mídia social, mas desconfiam com mais intensidade do poder de aderência de qualquer plataforma específica. Afinal, em 2006, o MySpace estava na moda, e, em três anos, o Facebook o superaria em termos de usuários e engajamento. Por que o Facebook não sofreria o mesmo destino quando a próxima plataforma da moda aparecesse? Bem, se não for tão bom quanto a que surgir, é o que acontecerá (embora valha salientar: o MySpace não está nem perto do fracasso. Em setembro de 2010, atraiu 65 milhões de usuários exclusivos, de acordo com a empresa de pesquisa de mercado ComScore). Mas isso não importa. Se os usuários um dia abandonarem o Facebook por algo melhor, não pularão do trem em movimento, simplesmente irão para um vagão mais novo. Vá com eles. As relações desenvolvidas não evaporam, desde que siga seus clientes e mantenha a atenção oferecida. Muitas amizades duradouras começaram quando alguém de Nova York conheceu alguém da Flórida enquanto estava de férias em Las Vegas. Antes das mídias sociais, elas telefonavam e enviavam cartas e cartões-postais umas para as outras. Agora se adicionam nas redes sociais. O que acontece em Vegas não precisa ficar em Vegas, a menos que você escolha deixar a amizade morrer.

5. Precisamos Controlar Nossa Mensagem.

Adoraria saber que as empresas reconheceram a estupidez desse argumento antes de este livro ser impresso, mas tenho a sensação de que muitas não o farão. Várias resistem a criar um perfil no Facebook, ter um blog, uma conta no Twitter ou no YouTube, porque um cliente irado pode postar comentários negativos. E daí se isso acontecer? Prefere que o cliente os publique onde você não tenha possibilidade alguma de responder? Ou em algum lugar que nem sequer consegue encontrar? Se tem medo do seu cliente, talvez seja hora de reavaliar como conduz seus negócios.

Não é possível controlar a mensagem; essa onda já passou. Sim, as coisas podem ser uma loucura online, e as empresas já sofreram com o boca a boca negativo e incontrolável. No entanto, é extremamente improvável que um único erro afunde uma empresa. Se o barco virou, havia algo fundamentalmente errado com o modelo de negócios ou gerenciamento, o que acarretou problemas constantes. A empresa não naufragou por uma única gota, mas por todas que fizeram o copo transbordar.

Pequenas ou médias empresas temem não sobreviver a uma gafe da mesma forma que uma grande companhia sobreviveria — como o caso do Tylenol, que sofreu um duro golpe quase 30 anos atrás quando alguém colocou cianureto em suas pílulas e enviou as caixas às farmácias —, mas elas não precisam se preocupar.

Em geral, os problemas podem ser corrigidos se você os detectar a tempo. Ao se defender com rapidez e sinceridade, é possível recuperar a confiança dos clientes, como fez Ann Taylor. No verão de 2010, quando a LOFT lançou as calças cargo de seda em sua página do Facebook, uma onda de clientes online reclamou que ninguém, exceto modelos magras e altas, ficaria bem nelas. Para provar que estavam errados, os funcionários da LOFT, de todas as alturas e tamanhos, postaram fotos de si mesmos usando as calças. A resposta foi extraordinária: milhares de comentários de mulheres agradecendo à LOFT por ouvi-las, algumas até mesmo admitindo que usariam as calças. Esta cliente não foi influenciada, mas seu comentário ilustra por que é do interesse de uma marca cultivar relacionamentos com clientes:

Amo a LOFT e fico muuuito feliz por "ouvirem" nossos comentários e mostrarem essas calças em mulheres "de verdade". Espero que continuem fazendo isso no futuro. No entanto, ainda acho as calças HORRÍVEIS. Nem se parecem com calças cargo de verdade. Queria agradecer e avisar que continuo cliente da Loft, mas essas calças são UMA CILADA. ;)

A cliente ainda odeia as calças, mas agora a LOFT sabe que têm uma defensora de produtos por aí, e que há uma boa chance de que ela compartilhe a mensagem.

Quando comecei a trabalhar para o meu pai, sempre que um cliente ligava ou vinha à loja reclamar, isso acabava com a vida dele. O velho ficava vermelho, chateado e só queria ir para casa. Ele ficava simplesmente arrasado, o que é uma grande prova de quanto meu pai se importava com seus clientes (e eu o respeito e o amo muito por ser assim). Eu, por outro lado, ficava em êxtase quando um desses clientes insatisfeitos ligava, porque sabia que havia um problema e poderia tentar resolvê-lo. Levaria o resto da vida solucionando problemas para esse cliente se preciso. E sempre deu certo, mesmo quando lidava com alguns dos clientes mais FDP que já conheci. Mais de uma vez tive que ir à casa de alguém, organizar um jantar e servir o vinho — tudo de graça. Nesse caso, o custo para conseguir o cliente de volta quase nunca se aproximava de seu gasto anual, talvez até vitalício, na loja (a propósito, essa é a enorme vantagem que as empresas que não tentam atingir números trimestrais têm sobre as empresas de capital aberto). Porém estava criando uma cultura e estabelecendo minha marca. Desejava que meus funcionários absorvessem minha energia e missão e as tornassem a base de tudo que faziam. Talvez tenha até perdido uns US$800 para reconquistar um cliente particularmente difícil. Mas sempre que fazia algo assim eu ganhava, pois fortalecia o DNA dos meus funcionários e da minha empresa, o que valeu a pena em longo prazo.

Jamais prejudicaria meu negócio, então perdi apenas o que sabia que poderia me dar ao luxo de perder. Qualquer um pode trazer escalabilidade a esse tipo de serviço e atenção. O legal é que agora é muito mais barato atender seus clientes dessa maneira do que costumava ser. Naquela época, tinha que ir à casa de alguém e harmonizar os vinhos com o jantar, o que restringia meus esforços em nível local. Agora posso criar um vídeo personalizado no YouTube gratuitamente e enviá-lo para qualquer pessoa, em qualquer lugar, com uma garrafa de vinho ou um crédito de US$100. Há muitos outros canais que agora podemos usar para comunicar nossa boa intenção diretamente aos nossos clientes, com uma mensagem pessoal, personalizada, individual. Algo que é impossível por meio da TV ou da mídia impressa.

A menos que esteja fazendo algo muito errado, é possível contornar qualquer problema. Se estiver colocando veneno de rato em seu picles ou explorando trabalho infantil, não importa o quão barato ou conveniente você seja em comparação ao seu concorrente: a derrota será certa. Mas se o único problema para a empresa de picles é que a nova tampa é muito difícil de abrir, ou o sabor novo e melhorado de sua conserva não agradou o cliente, é possível fazer algo a respeito.

Acredito até que a BP, responsável pelo desastre ambiental no Golfo do México, um dos piores já causados pelo homem, tenha chance de consertar as coisas. As pessoas também ficaram iradas com a Exxon por um tempo nos anos 1980 — lembra quando o *Valdez* encalhou e derramou petróleo na costa do Alasca? A empresa tomou um duro golpe, mas não é difícil encontrar um de seus postos de gasolina praticamente em qualquer lugar dos EUA, embora sempre tenha havido muitas outras empresas petrolíferas nas quais as pessoas podiam reabastecer os carros. O Tylenol ainda continua forte quase três décadas após seu susto com o cianureto e certamente sobreviveu aos dois recalls anunciados em 2010. As pessoas ainda assistirão aos filmes de Hugh Grant. Com o tempo, se uma empresa ou marca manejar adequadamente seu plano de gerenciamento de desastres, a maioria esquecerá e até perdoará os erros do passado.

Geralmente, os líderes empresariais subestimam duas coisas. Primeiro, a disposição das pessoas a perdoar. Eles têm medo de abrir fanpages porque acham que qualquer comentário negativo é igual a um programa de investigação jornalística, que divulgará todas as suas falhas. Muito raramente é isso que acontece. Além disso, se for honesto com seus fãs, seguidores e clientes, e permitir que vejam exatamente o que está fazendo para acertar as coisas, o único destaque nas manchetes serão suas habilidades com mídias sociais.

Em segundo lugar, as empresas subestimam o detector de cilada das pessoas. Por isso que nunca dá certo o esforço de uma marca ao tentar enganar as pessoas para que retuítem uma campanha do tipo "Vire meu fã e farei doações para o Haiti" ou fazer algo se tornar viral. Isso não é possível. O que se pode fazer, porém, é disparar conteúdo que impressione. Se for bom o suficiente, ele se tornará viral por conta própria. E vou repetir: apenas doe para o Haiti e cale a boca!

A melhor coisa que se pode fazer pela sua marca e empresa é garantir que a verdade seja dita a quem quiser ouvi-la. Aceite que os comentários negativos apareçam na sua fanpage, pois a pessoa que faz isso é um cliente com quem você pode conversar. O cliente que se deve temer é aquele que tem uma experiência ruim, não diz uma palavra e nunca retorna. Essa é a pessoa que deve tirar o seu sono, pois você não sabe como reconquistá-la e pode nem sequer perceber que perdeu um cliente. Quem posta no Twitter "Odeio você!" é, na verdade, um cliente incrível. Se puder dar a esses clientes o que querem, eles voltarão mais fortes do que nunca. Sempre.

Dar às pessoas o que querem não significa que tenha que ceder toda vez que alguém faz uma demanda irracional ou ameaça tuitar algo desagradável. É necessário ouvir seus clientes, mas não fazer o que mandam. Mesmo que não haja possibilidade de satisfazer todos os desejos, é possível deixar claro o quanto você gostaria de realizá-los. É possível expressar arrependimento a alguém que esteja insatisfeito com o resultado da compra. Tente oferecer uma alternativa. (Para um exemplo de como um CEO deve falar com um cliente insatisfeito, leia o e-mail de John Pepper, da Boloco, no Capítulo 4.) Muitas vezes as pessoas atacam porque sentem que é a única maneira de obter alguma atenção — afinal de contas, quem não chora, não mama.* Ouça-as, ligue para elas e explique o motivo do contato. Ao tomar as rédeas da situação, você minimizará o impacto da insatisfação com seus negócios. O comentário negativo feito online por maldade será facilmente identificado se você mantiver seu tom educado e sua mensagem clara e consistente. Não perca tempo em um debate, mesmo que esteja certo. Não vale a pena o esforço e, novamente, você não vai ganhar.

O melhor problema que pode ter é oferecer um serviço tão bom que deixará seus clientes mal acostumados. Os meus exigem demais de mim, como deveriam. Às vezes pedem demais, e, quando o fazem, resolvo. Alguns dos meus clientes locais, por exemplo, me informaram recentemente que se incomodavam com o fato de a Wine Library oferecer frete grátis em nosso outro site, o Cinderellawine.com, pois clientes não locais poderiam obter melhores valores. Expliquei para

---

* A atenção excessiva que dedicamos aos chorões contribui para muitas falhas no momento. Sei que cometi esse erro quando comecei nas mídias sociais. Precisamos ter certeza de que focamos os defensores emergentes das nossas marcas, especialmente as microcelebridades, e não ficar chateados com a pequena porcentagem de problemas com os quais temos que lidar às vezes.

eles o seguinte: vocês podem ir à loja física. Os clientes em São Francisco (que às vezes compram muito mais do que os clientes locais) não conseguem comparecer às degustações gratuitas de vinho, não podem parar a qualquer momento para conferir as novidades ou falar com minha equipe e, consequentemente, não conseguem mordiscar as amostras de queijo grátis e outras guloseimas que disponibilizamos. Realmente acredito que todas as vantagens se equilibram e que todo mundo que faz compras comigo sempre tem a ganhar. Depois que expliquei minha posição, alguns dos meus clientes locais entenderam meu ponto de vista e o problema foi resolvido. Nem todos ficaram satisfeitos com a minha resposta, mas tenho certeza de que todos apreciaram o fato de eu ter feito um esforço para responder com o máximo de detalhes possível. Tratei as pessoas insatisfeitas da maneira como deveriam ter sido tratadas — como clientes valiosos!

Se quisessem, poderiam falar mal de mim ou da minha loja em todo o Facebook e Twitter. Mas não o fizeram, pois mantive uma conversa civilizada e honesta. E, se o tivessem feito, eu não teria me preocupado muito com isso. A maravilha das mídias sociais é que não importa o que alguém queira dizer sobre você; é possível apresentar os fatos, seja na sua fanpage, no seu blog, nos seus tuítes. As pessoas podem acompanhar acontecimentos e diálogos à medida que se desdobram. Todos podem ver as interações e fazer seu próprio julgamento. Desde que esteja sempre atento, seja sempre honesto, educado e demonstre tranquilidade, você não precisará temer alguém ressentido. Ter boas maneiras significa tratar seus clientes com respeito sempre. Talvez não se consiga mais controlar a mensagem, mas é possível controlar plenamente o tom em que a mensagem é reproduzida.

O controle sobre mensagens e imagens explica o motivo pelo qual muitas empresas — muitas mesmo — ainda se recusam a permitir que seus funcionários publiquem em blogs e tuítem sobre seu trabalho. Até entendo seu medo, mas é injustificado. Na verdade, não há maneira melhor de se certificar de que está tomando decisões inteligentes na contratação. Permita que seus funcionários falem livremente, deixe que digam o que querem, porque assim você terá uma visão muito mais clara de quem são eles e como se sentem em relação a sua empresa. Se fizerem postagens inteligentes e ponderadas, é algo válido. Se forem ponderadas, inteligentes e negativas, será válido também. É necessário, porém, ter a mente aberta o suficiente para conversar com os funcionários sobre como se sentem. Ademais, caso constate que estão sendo agressivos, rudes ou simplesmente estúpidos e perceba que o trabalho deles não está tão bom quanto deveria, você não vai querer que façam parte de sua equipe.

6. Não Tenho Tempo para Acompanhar o que Todo Fulano ou Sicrano Diz e Não Posso/Não Quero Pagar Alguém para Fazê-lo.

Qualquer um que tenha uma atitude desdenhosa em relação a um cliente está a caminho do desastre. Fulano e Sicrano têm o poder e o que dizem importa. Não se pode oferecer cuidado e atenção apenas a seus melhores, mais lucrativos e desejáveis clientes. Há ferramentas à sua disposição para dimensionar esse tipo de atendimento em todos os níveis de clientela, e toda essa base espera que você as use. Seus maiores clientes e fregueses casuais vivem no mesmo ecossistema, em que as notícias de como você trata um cliente podem se espalhar facilmente para centenas de outros clientes atuais e até potenciais. Isso é algo bem relevante.

Caso seja uma empresa de uma pessoa só e deseje expandir seus negócios, terá que reservar um tempo para acompanhar conversas, já que simplesmente não se pode dar ao luxo de não fazê-lo. Ser parte das conversas é tão importante quanto ter um site, e fazer isso sozinho é o ideal, na verdade. Caso consiga estabelecer o tom e a voz da sua marca conforme deseja, criará uma base sólida para outra pessoa quando, um dia, delegar alguma tarefa ou dividi-la com alguém. Se fizer tudo da forma certa, sem dúvida precisará de ajuda. Havia um tempo em que as empresas acreditavam precisar de apenas uma pessoa no departamento de TI, e, à medida que os negócios e a importância da especialização em TI cresciam, o mesmo aconteceu com o departamento. Você começará com uma pessoa no departamento de mídias sociais e, eventualmente, quando perceber o retorno desse engajamento, mais dez serão contratados. Será o maior departamento da sua empresa — um grupo de pessoas que despendem seu tempo se dedicando a algo que amam, que se importam com os satisfeitos ou não com sua marca. Nem consigo imaginar um trabalho melhor que esse. Se não tivesse o meu DNA empreendedor, ficaria animado em ser pago para ser um defensor do New York Jets todos os dias.

Caso seja uma empresa de médio ou grande porte, ou não consiga lidar com todas as respostas e precise delegar, talvez não precise contratar alguém novo. Agora é a hora de analisar como aloca seus recursos, pois é muito provável que esteja desperdiçando dinheiro em algum lugar. Talvez tenha um estoquista preguiçoso, ou gerentes que saem cedo para jogar golfe toda sexta-feira, ou um diretor de marketing que ainda está preso em 1998. Seria interessante contratar, por menos dinheiro, um diretor de marketing com mais vontade de trabalhar, e usar o orçamento restante para começar seu novo departamento de mídias sociais (que será totalmente diferente e separado do seu departamento de atendimento ao cliente).* Seja econômico e eficiente. Pense em demitir funcionários que não estejam se dedicando totalmente ao cargo e substitua-os por pessoas que se preocupam tanto com sua empresa quanto você. Caso haja tempo sendo desperdiçado, ele deve ser direcionado à interação com clientes e para trazer algo de real valor para a empresa. Gasta tempo para organizar horários de dez pessoas a fim de que estejam na mesma reunião? Descubra uma maneira de eliminar as intermináveis idas e vindas — ou melhor, acabe com as reuniões. Reuniões em excesso são simplesmente uma forma de dividir a responsabilidade de tomar decisões e fornecer segurança com base em números, caso as coisas estejam ruins. Faça com que todos os colaboradores da sua empresa, incluindo você, assumam as responsabilidades por suas próprias decisões, facilite para que usem o próprio julgamento sem precisar de aprovação todas as vezes, e inúmeras horas serão economizadas, as quais podem ser canalizadas para acompanhar os Fulanos e Sicranos.

7. Chegamos Bem até Aqui Sem Utilizar Mídias Sociais.

De todos os argumentos fadados à derrota, esse é um deles. Caso tenha uma certa idade, sabe que a vida seguiu bem sem máquinas copiadoras, secretárias eletrônicas, computadores e telefones celulares também. Somos seres adaptáveis.

Como saber que está tudo "bem" se não assumir a linha de frente, ouvindo seus clientes e perguntando o que acham? Lembre-se, também, de que o cliente que não se expressa pode ser uma ameaça

---

* Essa área combinará as habilidades do departamento de relações públicas e de marketing, mas deve ser individualizada como um departamento à parte.

muito mais perigosa do que aquele que grita e esperneia. Tudo pode estar bem até que, de repente, não esteja mais. Se confiar em números para prever a saúde de sua empresa, estará recorrendo a mudanças e eventos que já aconteceram. Se confiar em questionários ou pesquisas para obter feedback, receberá uma resposta única. No entanto, caso interaja com seu cliente em tempo real, em uma conversa capaz de suscitar perguntas de acompanhamento, poderá obter esclarecimentos e detalhes. Qualquer problema pode ser resolvido desde que seja antes de se tornar algo maior. As mídias sociais são excelentes para apagar incêndios, mas fazer isso o tempo todo é estressante e difícil. Evite que as faíscas se espalhem.

Qualquer empresa que se acomode em achar que tudo está "bem" merece sair do jogo, pois isso significa que seus líderes literalmente pararam de se importar. Uma empresa competitiva está sempre no ataque. Sempre, sempre, sempre.

8. Tentamos, mas Não Funciona.

Eu me descabelo de raiva com essa frase, pois ela me frustra muito e mostra uma total falta de paciência, o que não faz sentido em um ambiente de negócios. Muitos líderes empresariais estão dispostos a dar uma chance a uma iniciativa de mídias sociais. Eles postam comentários e tuítam como loucos por seis meses ou, pior, seis semanas, e não veem resultado. O tráfego online e as vendas não aumentaram o suficiente, e o conteúdo não se tornou viral. Diante de resultados decepcionantes, se parabenizam por tentarem algo novo e desistem. Caso sejam progressistas, atribuem a falha à entrada precoce em uma plataforma imatura. A maioria, porém, está convencida de que a plataforma é exagerada e não vale a pena o esforço. São daqueles tipos que nunca viram uma bicicleta, tentam pedalar com as mãos, depois a deixam de lado, declarando que é uma perda de tempo e nada prática como meio de transporte.

As mídias sociais são uma jogada de longo prazo, e é por isso que a maioria das empresas que as experimentaram não conseguiu explorar seu potencial. A culpa, no entanto, não é dos gerentes e líderes, e nem de ninguém, na verdade. O problema é que o sistema no qual a maioria das decisões corporativas é tomada está destruído. Conforme evidenciado pelo estudo da Wharton discutido no Capítulo 1, até que gerentes e líderes sejam recompensados por pensar em longo prazo, e não em curto prazo — ou, pelo menos, para além do pensamento de curto prazo —, não haverá incentivo para ser paciente. Não é possível colher os benefícios do boca a boca da mídia social sem bastante paciência, compromisso e estratégia.

9. As Questões Jurídicas São Muito Complicadas.

Meu setor, bebidas alcoólicas e vinhos, é fortemente regulamentado, e sei quantos desafios podem existir quando uma empresa tenta embarcar em algo novo. O seu departamento jurídico foi contratado para protegê-lo; seu trabalho é ser conservador e avesso ao risco, para manter a empresa o mais segura possível. É por isso que a mudança tem que vir de cima. Apenas o CEO ou outro líder corporativo pode se sentar com o departamento jurídico e dizer: "Esta empresa está adotando as mídias sociais. Em vez de se concentrar em potenciais riscos jurídicos em erros fatais, vamos descobrir como assumir um risco aceitável e torná-las possíveis." Caso seu setor seja médico, farmacêutico ou financeiro, provavelmente não será capaz de alcançar o tipo de abertura de que outras atividades desfrutam. No entanto, para seu próprio benefício e de sua marca, os líderes devem desafiar os limites o máximo possível. Tive o privilégio de realizar algumas consultorias nesses setores e posso dizer que o alcance desse limite depende do DNA da empresa. Todo departamento jurídico tem sua própria natureza, e o mesmo se aplica a todo CEO, mas, no fim das contas, a empresa deve refletir o DNA de seu líder, e não de seus advogados. Inicie a inovação do topo e permita que a filosofia do cuidado se infiltre em todos os níveis da empresa. Claro que considerações éticas e jurídicas são importantes nas mídias sociais (talvez mais do que nunca, graças à sua transparência inerente). Mas ceder à pressão de desistir, antes mesmo de começar e sem explorar todas as possibilidades, é indesculpável. Especialmente quando os consumidores se sentem tão excluídos de muitos desses setores. Os primeiros inovadores terão ganhos realmente substanciais.

10. O Retorno É Muito Demorado.

Contra essa é difícil argumentar. Embora tenhamos constatado evidências de que possa haver retornos em curto prazo, os benefícios de se envolver com os clientes costumam demorar um pouco para se concretizar. Não posso pedir aos gerentes de marcas, VPs ou diretores de marketing, que têm metas a cumprir, para sacrificar as estatísticas pelo bem da empresa em longo prazo. Não importa o quanto os gerentes e líderes concordem filosoficamente que a interação com seus clientes é uma coisa boa. Sem uma prova de que investir no engajamento trará maior lucratividade e melhores retornos trimestrais, ninguém vai topar. Afinal, por que o fariam se sua remuneração está diretamente relacionada aos resultados trimestrais? Os benefícios em longo prazo do engajamento com os clientes quase sempre perdem para a realidade de curto prazo, à qual as pessoas se apegam para manter seus empregos.

É improvável que muitos leitores deste livro digam: "Você está certo. Abandonaremos todas as outras mídias e focaremos apenas o cuidado com o cliente." O fato, porém, é que as mídias sociais são como uma maratona — impossível alcançar a linha de chegada sem paciência e determinação. Por isso a diversificação é tão importante. Sei que há um lugar para a mídia tradicional em um orçamento de marketing bem planejado, mas, no mix de marketing de hoje, ela está superfaturada. Vou repetir: neste ambiente de alto consumo de conteúdo, acredito que a mídia mais tradicional está superfaturada. Caso tenha visto outdoors anunciando este livro, saiba que recebi uma proposta beeeeem boa. Separe 3%, 5% ou 10% do que você normalmente aplicaria à mídia tradicional e invista nas mídias sociais. Para conseguir mais dinheiro, reduza o desperdício de tempo e recursos direcionados às análises que explicam o motivo de suas campanhas não funcionarem da maneira esperada. Essa prática apenas faz com que se gaste ainda mais dinheiro nas mesmas velhas plataformas. Você verá que, quando usada corretamente, a mídia social é uma das plataformas mais eficazes e menos dispendiosas.

Uma pequena empresa pode ser capaz de vencer a guerra ao confiar apenas nas mídias sociais, mas uma empresa maior deve pensar nas mídias sociais como o Corpo de Fuzileiros Navais de suas forças armadas. Pequena, orientada e extremamente eficaz quando mobilizada, essa unidade não vai à guerra para vencer por conta própria, mas sem ela as tropas ficam em uma enorme desvantagem.

Digamos que você gaste US$750 mil em mídia, concentrando-se em um grupo-alvo bem definido e geograficamente limitado, e perceba um aumento de 4% nas suas vendas. Você renova a compra por outros US$750 mil, dessa vez constatando um aumento de 2%. Então recua e dedica seis meses a uma nova campanha antes de lançá-la novamente, para o mesmo grupo-alvo, com os mesmos US$750 mil. Toda vez que quiser que seu público receba sua mensagem, isso lhe custará outra grande quantia de dinheiro.

Compare essa ação com o gasto de US$750 mil para lançar uma campanha de mídia social bem pensada, precisa e estratégica — blogar, comentar, tuitar conteúdos incríveis e incentivar a interação em todos os lugares possíveis. Você agradece rigorosamente a todos que dizem algo positivo, aborda todas as reclamações, responde a todas as perguntas, resolve todos os mal-entendidos e constata um aumento de 2% nas vendas. Você não deixa a peteca cair. Nunca recua, apenas continua ajustando sua mensagem e se adaptando às necessidades de seus clientes. Proporciona o que eles querem e não gasta mais dinheiro além do salário das pessoas encarregadas da campanha. Seis meses depois, os lucros continuam a aumentar à medida que a lealdade do consumidor se consolida. Há um crescimento de 13%. Ainda assim, o único montante adicional gasto são os aumentos oferecidos à sua equipe e os salários das novas contratações realizadas para fortalecer sua presença na mídia social.

Um anúncio, uma aparição no talk show do momento ou uma entrevista na TV é uma oportunidade única. Você aproveita a atenção recebida por um tempo, mas geralmente é necessário gastar dinheiro para manter o interesse. Embora leve mais tempo para criar um banco de dados de e-mails, fãs e seguidores no Twitter, as mídias sociais, quando utilizadas corretamente, fornecem uma oportunidade interminável de falar com os consumidores quantas vezes quiser, ou melhor, sempre que os clientes o chamarem.

11. Mídias Sociais Funcionam Apenas para Marcas de Startups, Tecnologia ou Estilo de Vida.

Garanto que uma empresa de concreto não tem o mesmo prestígio para trabalhar como uma empresa de vestuário. É possível, porém, vender apenas para sua base de clientes. A missão da empresa de concreto não é levar o maior número possível de pessoas a comprar seu produto, mas fazer com que um determinado número precise dele para comprá-lo. Além disso, o maior desafio, aquele que oferece maior potencial de crescimento, é alcançar pessoas que ainda não sabem que precisam do produto, portanto não limite sua conversa a ele; interaja também sobre construção, expansão, reforma, imóveis, estacionamentos, enfim, qualquer assunto que se relacione a concreto.

As pessoas se enganam ao pensar que apenas startups, empreendedores ou empresas de tecnologia podem fazer a mídia social funcionar a seu favor. Porém muitos fazem um trabalho ruim — um estudo mostrou que 43% das marcas de tecnologia que mais crescem no Reino Unido e que estão presentes no Twitter nunca responderam a um tuíte sequer.* Ser pequeno é uma vantagem, porque é realmente possível moldar uma marca com seu próprio estilo e personalidade, mas uma grande empresa pode dimensionar a relação interpessoal ao grande público, pois tem recursos para treinar pessoas suficientes a fim de participar de todas as conversas.

É verdade que alguns produtos são mais atraentes do que outros, mas também é inegável que, se não houvesse necessidade de seu produto, você não estaria no negócio. Não costumo pensar muito sobre

---

* Não importa que o estudo tenha sido feito no Reino Unido. Muitas marcas nos EUA usam suas contas do Twitter como meros murais digitais. Consulte "Tech Companies Miss the Point of Social Media", Techeye.net. 5 de agosto de 2010. http://www.techeye.net/internet/tech-companies-miss-the-point-of-social-media.

fio dental, mas posso fazer isso caso me convença de que preciso me importar mais com meus dentes. E, mesmo que eu não lhe dê a oportunidade de falar sobre higiene bucal, é bem provável que meu dentista aborde o assunto online. Engaje-se com esse profissional e seu fio dental poderá ser um dos itens do meu kit no meu próximo retorno semestral ao dentista. (A propósito, no Capítulo 12, apresento um exemplo real de como a Dra. Irena Vaksman, uma dentista de São Francisco, usa as mídias sociais para fazer com que seus pacientes aguardem com expectativa uma consulta com ela.)

Caso sua paixão pelo que sua empresa faz não seja suficiente para motivá-lo a participar de conversas diárias, por horas a fio e com o maior número possível de pessoas, talvez você esteja no ramo errado. Explore assuntos gerais, se for preciso. Nem todo mundo precisa ser torcedor do Lakers, mas qualquer um consegue falar sobre basquete. Quando comecei, não tinha o mesmo renome que Robert Parker ou a influência da *Wine Spectator*, então não falei sobre Gary Vaynerchuk ou sobre a Wine Library; mas sobre Chardonnay. A mídia social oferece a oportunidade de potencializar ao máximo seu negócio. Aproveite-a.

A Resposta É Sempre a Mesma

Acho que estamos entrando em uma era de ouro do mundo corporativo. Demorou até que as pessoas reconhecessem o valor do capital intelectual, cujos ativos intangíveis não aparecem em uma planilha, não podem ser monitorados e nem expressos em dólares. Hoje em dia já se entende amplamente que o capital intelectual é um dos pilares de todas as organizações e vale a pena ser protegido. Embora a capacidade de formar relacionamentos sempre tenha sido considerada um subconjunto do capital intelectual, a mídia social transformou essa habilidade em uma categoria de enriquecimento. No futuro, as empresas com amplo "capital de relacionamento" serão as bem-sucedidas. A sociedade está criando um ecossistema que recompensa as boas maneiras, o contato sincero, a honestidade e a integridade. Daqui a dez anos, cada empresa terá um diretor de cultura e, se for grande o suficiente, uma equipe dedicada a escalonar relacionamentos interpessoais. Todos os assuntos discutidos anteriormente serão resolvidos de uma forma ou de outra. As métricas e os padrões que agora podem parecer experimentais ou suspeitos serão bem estabelecidos e aceitos, assim como os que usamos por tantos anos para avaliar plataformas tradicionais de marketing.

No fim das contas, não importa quais obstáculos uma empresa enfrenta na economia da gratidão, a solução será sempre a mesma. Os concorrentes são maiores? Dê mais atenção do que eles. Eles são mais baratos? Dê mais atenção do que eles. Eles têm status de celebridade e você não? Dê mais atenção do que eles. A mídia social oferece as ferramentas para estar em contato com seu consumidor e criar uma emoção que antes não havia. Não importa se sua empresa não é pequena, legal ou atraente — as pessoas conseguem se empolgar com as coisas mais insanas. Sério, gente, quem imaginaria um cara de jaleco triturando iPhones no liquidificador? (Se não viu, confira em willitblend.com [conteúdo em inglês]. É fantástico!)

Aquele palestrante da conferência da Associação Comercial em 1997 falou uma coisa certa: no fim, empresas que estabelecerem fortes relacionamentos com seus clientes serão aquelas que se destacarão. Infelizmente, muitas companhias ficaram de fora enquanto a economia da gratidão se formava. Porém, agora que ela chegou, a competição está se tornando surpreendentemente igualitária.

PARTE II

Como Vencer

CAPÍTULO QUATRO

Partindo do Topo: Infunda a Cultura Correta

Consigo lembrar a data em que a existência da gratidão se tornou uma questão de conhecimento público. Foi em 22 de julho de 2009, uma quarta-feira — o dia em que foi anunciado que a Amazon comprou a Zappos por US$1,2 bilhão.

Jeff Bezos é um cara para lá de esperto; no entanto, ouvi de mais de um capitalista de risco inteirado que a Zappos havia armado um golpe. Não há como uma empresa de varejo online valer tanto dinheiro, eles disseram. Contudo, a Zappos não estava superfaturada e Bezos sabia exatamente o que estava fazendo.

Acho que qualquer um que conheça o histórico de Bezos e ainda critique essa aquisição é alguém para quem os números contam toda a história. Eu, por outro lado, não me importo com o que os números dizem, pois sei que a história completa de uma empresa não pode ser lida nas colunas em preto e branco de um DRE. Acho que Bezos também sabe disso. Acredito que ele olhou para o futuro, e o futuro era a Zappos — uma empresa que, segundo fontes não oficiais, superava a Amazon em vendas de produtos que não eram calçados, e os quais a própria Amazon vendia por menos. Existem apenas dois aspectos que convencerão os consumidores a pagar mais por algo quando poderiam pagar menos: praticidade e excelência na experiência do cliente. Muitas empresas podem ter vantagem na praticidade, mas poucas delas, incluindo a Amazon, fazem um atendimento ao cliente como a Zappos. Ao dominar as duas categorias, ela era a única ameaça de varejo para a Amazon, e só ficará maior e melhor à medida que o relacionamento com os clientes se aprofundar e o boca a boca continuar se espalhando. Ninguém tem resultados como a Zappos. A aquisição de Bezos não se baseou em números, mas em cultura e tendências. Por isso ele é um visionário. Acho que percebe que a cultura é a próxima área de competição, assim como fez com o e-commerce. Ele não gastaria quase 1 bilhão de dólares em nada além do futuro.

Bezos não diz isso explicitamente no vídeo do YouTube que fez para explicar a aquisição. O que afirma é: "Tenho um fraco por empresas obcecadas pelo cliente, e a Zappos certamente é uma delas." Ele também argumenta que acredita que a Amazon e a Zappos são compatíveis porque ambas estão obcecadas pelo atendimento ao cliente (embora, como Tony Hsieh aponta na carta que escreveu aos funcionários da Zappos para anunciar o acordo, elas o façam de maneiras diferentes). As palavras de Bezos foram as seguintes: "Quando se pode optar por ficar obcecado pelos concorrentes ou pelos clientes, nós [a Amazon] sempre escolhemos os clientes."

Bezos não pediu meu conselho, mas darei de qualquer maneira. Se ele ou qualquer outra pessoa quiser dominar a gratidão, há mais uma obsessão que deve ser enraizada e que não foi mencionada em seu vídeo. O sucesso na economia da gratidão depende, sim, de uma preocupação obsessiva com o cliente, porém uma grande cultura de cuidado nasce no topo de uma empresa e a atravessa como uma cachoeira. Caso queira que essa cultura flua da empresa até o cliente e, em seguida, seja levada ainda mais longe pelo boca a boca, é necessário ter certeza de que seus mensageiros vivem e respiram da mesma maneira que você faz. Portanto, a obsessão dominante de qualquer líder que conduza uma empresa na economia da gratidão não deve ser a concorrência e nem o atendimento ao cliente. Devem ser seus funcionários.

A Gestão Interpessoal

A Zappos tem um ambiente de trabalho incrível. Há comida grátis na cafeteria, uma biblioteca e funcionários felizes por todos os lados. Aposto que a maioria das empresas que são elogiadas pelo excelente atendimento ao cliente também ficam bem na escala de ótimos lugares para se trabalhar. É muito difícil para os funcionários proporcionarem um atendimento ao cliente fenomenal quando não estão extremamente satisfeitos com seus empregos. As regalias da Zappos, no entanto, e aquelas oferecidas por outras empresas, como sextas-feiras casuais ou uma lembrança de quinto ano de trabalho, não são o motivo de satisfação dos funcionários. Acho que é seguro afirmar que a Vaynermedia é um ótimo lugar para trabalhar, mas somos 20 pessoas espremidas em um espaço minúsculo e não damos lanches gratuitos, nem mesmo fechamos mais cedo às sextas-feiras durante o verão. Exijo muito de minha equipe. Ainda assim, sei que estão felizes, porque, embora benefícios possam fazer os funcionários ponderarem antes de decidir sair, há apenas duas coisas que os deixam extremamente felizes e os fazem querer ficar.

A primeira é ser tratado como um adulto. Isso significa que, até que as pessoas provem que não são confiáveis, elas devem ter permissão para gerenciar seu trabalho da maneira que julgarem mais adequada. A segunda é sentir que suas necessidades individuais estão sendo atendidas. Isso é raro. Para alcançar esse tipo de satisfação entre a equipe, é necessário que os líderes corporativos se engajem com seus funcionários no mesmo nível interpessoal que fazem com seus clientes. Até agora, muitas empresas não aceitaram o desafio. Parece assustador, mas não precisa ser. É apenas uma questão de estabelecer uma verdadeira cultura de cuidado no topo e aplicar os princípios da gratidão, tanto interna quanto externamente.

Na Vaynermedia, por exemplo, estabelecemos recentemente uma nova e simples política de férias: não há nenhuma. O colaborador pode escolher tirar o máximo ou o mínimo que quiser. No começo, todos ficaram um pouco confusos. O que seria considerado o máximo de férias? Então minha equipe descobriu que eu estava falando sério, e que eles não seriam julgados pelo tanto de férias que tirassem. Alguns tiraram uma grande quantidade, outros nem sequer tiraram. O que importa é que cabe a eles decidir quanto tempo de folga precisam a fim de realizar o trabalho no mais alto nível. Isso significa cuidar de nossos clientes, uns dos outros e da marca. Não vejo como posso tomar essa decisão por eles. Alguns têm filhos; outros não. Alguns têm família que mora nas proximidades; outros têm que viajar longas distâncias para visitar seus entes queridos. Alguns só precisam de um pouco mais de tempo de descanso para recarregar as energias do que outros.

Tenho algumas regras básicas. Sou apaixonado pelo desenvolvimento de equipes, por isso não contrato alguém que queira trabalhar em casa regularmente. Precisamos estar disponíveis quando nossos clientes estiverem trabalhando, então os gerentes de projeto precisam chegar às 9h e a equipe de execução às 10h30. No entanto, dentro desses parâmetros, deixo minha equipe gerenciar seu tempo sozinha. Que diferença faz a que horas eles saem, ou quantas férias tiram? A condição primordial é que estejam lá quando eu, seus colegas ou os clientes precisarem deles, que façam seu trabalho a 110% o tempo todo e atinjam as metas.

Preocupo-me mais com meus funcionários do que com meus clientes, e mais com meus clientes do que com respirar. Sou um cara naturalmente sentimental, e no trabalho sou como uma galinha atrás de seus pintinhos (uma com uma enorme tendência competitiva, sem dúvida), constantemente checando meus funcionários, conversando com eles e, quando posso, me certificando de que tenham liberdade e recursos para resolver qualquer problema que surgir. Minha prioridade é saber o que está acontecendo profissionalmente, e muitas vezes pessoalmente, com todos da minha equipe. O diálogo constante, que me ajuda a verificar se meus funcionários sentem que têm permissão para se posicionar e ter sucesso, possibilitou a percepção de quais pessoas não se esforçam ou quais não são adequadas para o trabalho. Graças à comunicação facilitada pela cultura aberta, confiante e de cuidado da empresa, no entanto, tem sido extremamente raro alguém deixar a equipe.

Infelizmente, os funcionários da Wine Library provavelmente se beneficiaram mais desse tipo de atenção do que os da Vaynermedia. Tive que viajar muito mais desde que abri a agência, e tem sido impossível me aproximar tanto de cada um deles para saber quem são e do que precisam. Faço o meu melhor — provavelmente sou um grande jogador agora. Contudo, na Wine Library eu era uma estrela do Hall da Fama. Quero ser o mesmo na Vaynermedia, e tenho toda a intenção de fazê-lo o mais rápido possível.

Então, como pode perceber, até eu, que gerencio empresas relativamente pequenas, acho difícil manter o tipo de atenção individual a funcionários exigido pela gratidão. Como isso poderia ser incorporado a uma empresa maior? Algumas delas estão provando que é possível. A Zappos fez um excelente trabalho ao criar uma cultura de empresa centrada no funcionário, e há outras que tomaram decisões inteligentes e tiveram sucesso ao dar carta branca aos seus colaboradores, como a Best Buy e seu Twelpforce. No fim das contas, as companhias com melhor posição para dominar adaptarão muitas das ideias dessas empresas e as levarão ainda mais longe. Prevejo que um dia toda empresa terá, juntamente com um CEO, CFO, COO e CSO, alguém com um título como CCO — *Chief Culture Officer* [Diretor-executivo de Cultura, em tradução livre] —, cujo trabalho será acompanhar as necessidades de cada funcionário. Não necessariamente todos os colaboradores; essa ainda seria responsabilidade do RH. A função seria conhecer suas necessidades e atendê-los com o melhor da capacidade do CCO, não por meio de conversas vazias e presentes simbólicos, mas por meio de definição individualizada de metas, estratégias para o futuro e confirmação constante de que o funcionário está satisfeito. Adoraria um trabalho como esse. Se não quisesse comprar o New York Jets, estaria importunando todas as empresas da Fortune 500 para me deixarem criar a posição de CCO, de modo que eu lhes mostrasse a grande diferença que alguém nesse cargo poderia fazer em seus resultados. Todo mundo sabe que a rotatividade de funcionários custa uma fortuna à empresa; o salário de um CCO poderia facilmente ser pago apenas pela quantidade de dinheiro economizada na redução de recursos de recrutamento e reciclagem profissional. O que as empresas não percebem é quanto dinheiro extra ganhariam se os funcionários as amassem tanto, pois eles se encarregariam de trabalhar mais e por mais tempo do que o normal. Com um CCO na equipe para ajudar a garantir que cada trabalhador tenha uma razão para se sentir assim em relação ao seu empregador, as empresas poderiam ter uma equipe empenhada que não apenas se concentra no trabalho, mas que se entusiasma e se dedica mais a uma causa.

Porém ser um CCO eficiente em uma empresa de médio a grande porte exigiria conhecer um grande número de pessoas em um nível individual, não é? Sem dúvida. Isso seria viável se todos os outros alicerces culturais de uma empresa da economia da gratidão já estivessem estabelecidos.

Alicerces Culturais

Estabelecer esses alicerces só seria possível se a liderança da empresa se dedicasse a fazer isso acontecer, é claro. Se um líder se dispusesse, poderia ser feito da seguinte forma:

1. **COMECE COM VOCÊ MESMO.** Uma vez que a cultura vem do topo de uma empresa, espera-se que o executivo principal tenha um bom conhecimento de si próprio. A autoconsciência forte possibilita uma cultura forte. Lembrar-se de quem você é e das qualidades que o tornaram bem-sucedido até agora, seja você um CEO, um executivo ou um gerente de nível intermediário, é extremamente importante à medida que trabalha para desenvolver, sustentar e disseminar a cultura da empresa. Isso não acontecerá se não desempenhar o seu

papel. Se você for reservado e formal, não tente se tornar descolado e informal. Se sua empresa é conservadora, continue assim; basta colocar seus funcionários em primeiro lugar e seus clientes à frente de todo o resto. Há como fazer isso sem ter que montar uma mesa de pebolim ou deixar os colaboradores usarem chinelos no escritório. Odeio quando as empresas reformam seu espaço e criam um local onde os funcionários podem jogar Nintendo Wii e comer doces de graça, como se anunciassem: "Estão vendo como temos um espírito jovem? Sabemos o que as crianças querem!" Líderes autoconscientes não perdem muito tempo ou dinheiro tentando ser o que não são.

Além disso, líderes precisam se comprometer com a gratidão antes de dizerem aos outros para fazê-lo. Ela só poderá ser disseminada com sucesso em sua empresa ou departamento quando estiver enraizada em sua visão e estratégia gerais. A gratidão é baseada em autenticidade, que deve começar com você.

2. **Comprometa-se por completo.** Não é de se esperar que alguém de repente invista uma quantia considerável do orçamento de marketing em iniciativas de mídia social que aprimorem o atendimento ao cliente. Porém o compromisso mental pode ser feito em um milésimo de segundo. Esse compromisso é provavelmente ainda mais importante do que o financeiro, em especial nos estágios iniciais de preparo para a gratidão. Afinal, haverá adversidades, erros e obstáculos ao longo do caminho. No entanto, se os líderes forem firmes em sua determinação de criar uma cultura de cuidado ampla, nenhum desses contratempos atrasará a empresa por muito tempo. Quando se introduz o DNA cultural de cuidado ao extremo na empresa, é possível analisar atentamente os gastos e, assim, adotar uma abordagem prática que identifique o dinheiro necessário para implementar iniciativas criativas e autênticas de mídia social. Pare

de gastar cegamente, reexamine sua equipe, comece a negociar mais por melhores preços e a revisitar agências e fornecedores com os quais trabalha. Há dinheiro; ele só está sendo gasto de forma errada.

3. **Defina o tom.** Assim que os líderes se comprometem a construir uma cultura de cuidado, eles precisam enviar uma mensagem forte e direta no que diz respeito à sua intenção. Os funcionários devem ser capazes de sentir a diferença imediatamente e de buscar em seus líderes exemplos esperados de cuidado, preocupação e interação interpessoal com os clientes.

John Pepper, CEO da Boloco, uma rede de burritos com sede em Boston, fez isso de forma brilhante. Internamente, ele e seus cofundadores deixaram claro que o bem-estar e o futuro dos funcionários da empresa eram primordiais, incluindo assistência médica aos colaboradores mensalistas e horistas, e oferta de aulas de inglês e espanhol para todos, em um esforço para melhorar a comunicação interna e permitir que quem não fala inglês possa ter cargos de maior responsabilidade. Os funcionários também consideravam seu líder um modelo a ser seguido. Os engajamentos de Pepper nas mídias sociais oferecem muitos exemplos do tipo de interação pessoal e atenciosa que espera de seus colaboradores com os clientes. Por exemplo, ao pesquisar "Boloco" no Twitter, o CEO da empresa descobriu que havia uma cliente em frente a uma loja localizada no Boston Common reclamando que a música estava muito alta. Ele alertou o gerente, que imediatamente abaixou o volume e depois saiu para se certificar de que o nível da música a agradava.

Os pontos a seguir sugerem uma prova do impacto da gratidão.

- A cliente feliz postou um novo tuíte, elogiando a Boloco pelo atendimento ao cliente.
- Muitos de seus seguidores começaram a falar sobre o que acabara de acontecer.
- Rachel Levy então escreveu um texto inteiro sobre sua experiência, intitulado "Music, Burritos, and the Impact of a Tweet" [Música, Burritos e o Impacto de um Tuíte, em tradução livre], disponível em seu blog, *Rachel Levy: Social Media and Marketing*.
- A história foi recontada em um livro.
- Agora muito mais pessoas já ouviram falar da Boloco e de seus burritos incríveis.

Você apostaria alguns dólares na mídia conquistada pela Boloco por meio de um grande gesto de atendimento ao cliente? (Espero que a resposta unânime seja sim, pois significaria que muitas pessoas compraram este livro!)

Pepper define o tom de forma intensa, evitando as barreiras corporativas que a maioria dos líderes faz questão de erguer. É possível ver isso na maneira carinhosa como ele responde aos comentários dos clientes. Um exemplo perfeito e louvável é a carta que ele escreveu a um cliente que ficou desapontado com o fato de a Boloco ter tirado seu burrito favorito do cardápio.

--Mensagem original--

De: John Pepper [mailto:pepper@boloco.com]

Enviado: terça-feira, 24 de janeiro de 2006, 20h31

Para: Ben

Assunto: RE: Boloco.com: resposta ao cliente

Ben,

Primeiro de tudo, obrigado pelo seu comentário. Sempre gostamos de ouvir nossos clientes... mesmo que tenhamos feito algo que não os agradou, isso nos ajuda muito.

Nós nos preocupamos muito com o sabor Roasted Veggies e como o público reagiria. A principal razão pela qual ele deixou de ser servido é que poucos o consomem, e a quantidade de tempo para preparação e o desperdício (como não tem muita saída, temos que descartá-lo) já não compensavam sua permanência no cardápio anos atrás... porém, por causa dos poucos e sinceros clientes que sempre o consumiam, optamos por mantê-lo à época. Você é a sétima pessoa que escreve sobre isso desde que o retiramos, há três meses (sem contar alguns funcionários que também ficaram bastante chateados).

Do ponto de vista puramente comercial, não fazia sentido manter o Roasted Veggies. No que diz respeito à lealdade para com o cliente, no entanto, sua mensagem (e a de outras pessoas) me faz querer trazê-lo de volta ao cardápio amanhã! O desafio que sempre enfrentamos é equilibrar os dois lados... você ficaria surpreso com o número de pedidos que recebemos semanalmente de nossos clientes — claro que não conseguimos atender a todos, mas ouvimos e consideramos com carinho tudo que é dito por eles.

Não sei o que acontecerá nos próximos meses. Não posso prometer que o sabor retornará, a menos que recebamos muitos pedidos insistentes para que isso ocorra. Tiramos itens do cardápio antes e não tivemos escolha a não ser trazê-los de volta (o Buffalo Chicken é o melhor exemplo de que uma revolta estava prestes a acontecer)... Até agora, não foi o caso do Roasted Veggies.

Fico até consternado de sugerir o tofu, caso você seja vegetariano. Minha esposa é e esse é o favorito dela. Não é o tofu padrão, esse tem tempero, sabor e as pessoas adoram!

Outros vegetarianos optam pelas fajitas, embora concorde que são muito diferentes do Roasted Veggies.

E, por fim, outros pedem os produtos "como são", ou seja, sem frango ou carne. A maioria dos nossos itens do cardápio é vegetariana quando não adicionamos nenhum tipo de carne.

Mil desculpas por não lhe dar a resposta esperada. Para tentar compensar isso, e para você ter chance de encontrar alguma outra opção que o agrade, me envie o código de 16 dígitos da parte de trás do seu cartão Boloco (você pode fazer um se ainda não tiver, e então me enviar) e vou adicionar alguns Burrito Bucks nele para você. É o mínimo que podemos fazer, e talvez você encontre algo que goste. Se não, esperamos que algum item disponibilizado no futuro o traga de volta aos nossos restaurantes — agradecemos de coração a sua preferência e esperamos reconquistá-la em breve.

Abraços,

John

Essa resposta de e-mail é:

Pessoal. Não possui linguagem corporativa. Pepper menciona sua esposa, oferece outras alternativas e parece lamentar sinceramente a infelicidade de seu cliente.

Honesta. Ele não faz nenhuma promessa que não possa cumprir e explica as razões práticas e financeiras pelas quais a decisão desagradável teve que ser tomada.

Atenciosa. Ele possibilita que o cliente experimente algumas outras opções do menu, gratuitamente.

Observo essa mensagem e a que foi escrita por Tony Hsieh para anunciar o acordo da Zappos/Amazon para seus funcionários,[*] e questiono por que tantos líderes empresariais têm tanta dificuldade em serem honestos. Imagine como um cliente se sentiria se recebesse uma mensagem como essa de um CEO, em vez de uma cheia de jargões vagos e formais. Pepper está no caminho da gratidão e, a

---

[*] Há uma cópia no final do livro.

partir do sucesso da Boloco e dos leais clientes, fica claro que seus esforços para definir o tom adequado estão fluindo, saindo pela porta da frente e indo para as ruas. Ele tem toda razão quando diz: "Sei o que as pessoas estão dizendo: 'Vou na Boloco porque sei que se importam comigo.'"

4. INVISTA EM FUNCIONÁRIOS. Se você é um defensor da mídia social na sua empresa, mas ninguém lhe dá atenção ainda, tenha esperança: a sua hora chegará. Pense em todas as pessoas nas equipes dos estúdios de televisão no início da década de 1990 que notaram o sucesso de *Na Real*, da MTV, e lutaram para convencer suas empresas de que havia uma enorme oportunidade no gênero reality show. Tiveram que esperar até o verão de 2000 para provar que estavam certas com o sucesso explosivo de *Big Brother* e *Survivor*. Em contrapartida, duvido que você tenha que esperar oito anos para ver as empresas adotarem e aceitarem completamente as mídias sociais em suas estratégias de marketing. A empresa na qual trabalha atualmente pode demorar todo esse tempo, mas espero que, se você for uma pessoa ambiciosa e visionária, abandone o barco muito antes e leve seu talento para um lugar onde seja aproveitado.

Se for um líder corporativo que concorda filosoficamente com os princípios da gratidão, mas sua empresa ainda não está pronta para implementar estratégias de mídia social, olhe ao redor. Quantos perguntam quando sua empresa terá uma página no Facebook? Quantos encaminham postagens de blogs e artigos sobre empresas que usam com sucesso as mídias sociais para alcançar seus clientes? Mesmo que não entenda a tendência das mídias sociais, essas pessoas já entendem. E elas não apenas já conhecem sua empresa, mas se importam o suficiente para pensar em maneiras de ajudá-la a crescer. Mesmo que toda essa coisa de mídia social não vire nada (o que não acontecerá), qualquer pessoa disposta a se arriscar desse jeito é uma das mais valiosas da sua empresa. Não permita que tais funcionários se sintam tão frustrados com sua recusa em ouvir novas ideias que decidam sair da empresa. Muitos líderes investem de forma insuficiente em sua equipe por medo de serem prejudicados caso um deles saía. Qualquer investimento feito em seus funcionários será seguro se acreditarem que você realmente se importa com eles e com seu futuro. Crie uma cultura que recompense aqueles que se importam. Busque a opinião de pessoas que mostraram uma tendência a correr riscos e a compartilhar grandes ideias. Prove que valoriza seus funcionários acima de tudo, dando a eles a liberdade de pedir o que querem e de serem eles mesmos.

Tudo bem se esforçar por seus funcionários, mesmo que optem por cargos maiores e melhores em outras empresas. Você quer pessoas ambiciosas na equipe e é inevitável que busquem novas oportunidades. Mesmo que saiam, os esforços não serão desperdiçados, pois você desenvolverá a reputação de sua empresa como um lugar onde pessoas da área podem crescer em suas carreiras. Isso é o que atrai os melhores e mais inteligentes, exatamente aqueles que deseja ao seu redor. Além disso, ao construir uma empresa que valoriza sua equipe, muitos funcionários tentarão retornar, trazendo consigo mais experiência, habilidades reforçadas e uma perspectiva mais ampla, pois sentem falta do antigo ambiente de trabalho.

Quando as pessoas estão felizes, querem deixar as outras felizes também. Portanto, se o sucesso na economia da gratidão depende de fazer com que seus clientes chorem de felicidade, é necessário fazer o mesmo com seus funcionários.

5. CONFIE NO SEU PESSOAL. Sou muito bom em reconhecer um dos meus, então os funcionários que contrato tendem a ser pessoas que compartilham muito do meu DNA. Essa é uma das razões pelas quais sei que posso dar-lhes tanta liberdade — a maioria é culturalmente desenvolvida como eu e compartilha, ou pelo menos faz o melhor para acompanhar, minha ética de trabalho exagerada. Criar uma cultura da gratidão se tornará cada vez mais fácil conforme começar a contratar pessoas que compartilhem de seu compromisso com o cuidado. Será fácil identificar quem já está na equipe e não consegue se adaptar ou simplesmente não entende o conceito. À medida que essas pessoas saírem, você as substituirá por outras que tenham o seu DNA. Um time da NBA não convoca jogadores que não conseguem arremessar uma bola de basquete. Um executivo não contrataria um assistente administrativo desorganizado.

Quando não há dúvidas de que fez boas contratações, é fácil conceder aos funcionários a liberdade necessária para prestar o tipo de atendimento personalizado ao cliente que reflita a gratidão. Crie uma cultura de abertura. Deixe seus funcionários blogarem e tuitarem o quanto quiserem, da mesma forma que a Best Buy fez com o Twelpforce. Permita que sejam eles mesmos. Autenticidade é uma grande parte do que faz as iniciativas de mídia social funcionarem. Além disso, permitir que seus funcionários usem Twitter, YouTube, Quora, Facebook e postagens em blogs para falar sobre sua marca e seu trabalho não apenas fornece um espaço de expressão, mas dá a você ou ao seu CCO outra oportunidade para averiguar como desenvolvem seu trabalho. Combine essas observações com as de desempenho e saberá rapidamente quem é uma superestrela e quem precisa de mais treinamento. Além disso, descobrirá como se sentem em relação ao trabalho, e isso não é pouca coisa. Há uma razão para os funcionários se sentirem insatisfeitos ou frustrados — tire um tempo para entender o que é e coopere para resolver a situação.

Os funcionários devem ser responsabilizados por suas ações, é claro. Se alguém tuitar: "Odeio esse trabalho e meu chefe é um mala", bem, sim, isso não pode ser ignorado. No entanto, não significa necessariamente que a pessoa deve ser demitida. Tudo depende da conversa que se seguir, a qual não começa com: "Que maluquice você pensa que está fazendo?", mas com um tom mais razoável, como: "Diga-me por que tuitou isso."

Mesmo se decidir que é uma ofensa grave o suficiente para a demissão, seu funcionário precisa saber que você compreende sua razão. Certo ano, na véspera de Natal, perguntei a um dos meus principais colaboradores como estava. Ele me olhou bem nos olhos e disse: "Odeio esse lugar e odeio você." Bem, não havia percebido todo esse ódio. Gostei de ouvir isso de um funcionário? De forma alguma. Só que eu o conhecia bem, o que significa que sabia que existiam circunstâncias em sua vida que poderiam fazer com que seu temperamento, já esquentado, explodisse. Conversamos e, juntos, descobrimos uma maneira de reorganizar sua carga de trabalho para que ele não se sentisse pressionado. Naquela época, ele era um repositor e ganhava menos de US$10 por dia; hoje é um dos principais executivos da Wine Library.

Isso aconteceu há vários anos. Se tivesse ocorrido mais recentemente, é possível que, em vez de explodir comigo reservadamente, esse funcionário tuitasse sua frustração ao mundo, o que é totalmente inaceitável. Porém eu provavelmente teria lidado com a situação exatamente da mesma maneira. Acredito em segundas chances e, se fiz o meu trabalho e comecei a conhecer meus funcionários e o que os motiva, devo ser capaz de colaborar para garantir que algo assim nunca aconteça novamente.

Muitas empresas têm medo da abertura, mas se fizer tudo certo internamente e contratar as pessoas adequadas, não deve ter nada a temer. Somos uma sociedade capitalista, porém a maioria das empresas está assumindo uma abordagem comunista ao impedir que seus funcionários usem sua voz nas redes sociais. Elas não querem que a mensagem errada seja divulgada. No entanto, se criarem a cultura interna correta, é improvável que isso aconteça.

Mas ainda haverá um risco, certo? E se alguém disser algo que não deveria, algo que afete negativamente você ou sua marca? Há muito pouco que um funcionário possa dizer para prejudicar sua empresa que você não consiga resolver se agir com rapidez e boa intenção. Muitas das consequências negativas dos desastres corporativos podem ser atribuídas mais diretamente ao modo confuso como foram tratadas do que ao erro real, ao mal-entendido ou mesmo ao crime. A maioria dos consumidores é esperta o suficiente para saber que um funcionário desonesto não representa toda uma grande empresa, e um sincero pedido de desculpas vindo do topo, que reconheça os danos causados e que ofereça evidências de que isso não acontecerá de novo, é uma excelente forma de prosperar.

Geralmente, a Best Buy merece elogios pela forma como empodera sua equipe ao permitir que os funcionários tuítem, mas ainda precisa ter atenção em alguns pontos. Um gerente encontrou um popular vídeo satírico de animação no YouTube que comparava o EVO com o iPhone 4 e descobriu que um funcionário da loja o criara. Embora não mencionasse a Best Buy, outros vídeos menos populares do funcionário o faziam, e a empresa sentiu que o vídeo mais acessado criticava o iPhone. Ansiosa para provar que esperava que seus funcionários respeitassem todas as marcas comercializadas, a empresa solicitou ao funcionário que pedisse demissão. Ele se recusou, então eles o suspenderam enquanto pensavam em como lidar com a situação. Nesse meio tempo, a história foi divulgada, se espalhou pela blogosfera, e, de repente, a Best Buy ficou igual a uma idiota tentando se defender. No final, eles não demitiram o funcionário, mas, como já era de se esperar, ele pediu demissão.

As atitudes da Best Buy afetaram o preço de suas ações ou seu balanço patrimonial? De forma alguma. Por outro lado, a empresa teve uma midiatização negativa, passando uma imagem ruim para sua base de consumidores de alta tecnologia, e isso nunca é bom. Você se surpreenderia com a quantidade de clientes e funcionários que mudaram de atitude em relação à marca Best Buy devido ao modo falho como ela lidou com a situação.

6. Seja autêntico. Executivos de empresas podem aprender muito com Jim Joyce, o árbitro que, durante a temporada de 2010, estragou um jogo perfeito para Armando Galarraga, arremessador do Detroit Tigers, ao decidir incorretamente que Jason Donald, do Cleveland Indians, chegou a salvo na primeira base. Foi um erro enorme, um golpe terrível para Galarraga. Porém ele não conseguiu culpar Joyce quando percebeu o quão desesperado o árbitro estava por ter arruinado um lance histórico para o jogador. Galarraga afirmou: "Repito: ninguém é perfeito. Todo mundo erra. Tenho certeza de que ele não quis cometer esse erro. É só ver como ficou na noite passada, muito arrependido. Nem trocou de roupa. Os outros árbitros tomaram banho, comeram. Ele ficou sentado no banco, repetindo 'Desculpe-me'."

Como era de se esperar, os fãs ficaram indignados; alguns, infelizmente, levaram sua fúria ao extremo ao ameaçar a família de Joyce: "Porém, quando se espalhou a notícia de que Joyce admitira o erro, se desculpara e estava angustiado, ele e Galarraga se tornaram belos exemplos de espírito esportivo e perdão."

No dia seguinte, torcedores do Detroit aplaudiram a equipe do árbitro quando entraram em campo para o jogo daquele dia contra os Indians. A humildade e a autenticidade de Joyce, seu arrependimento genuíno e sua disposição de falar com o coração — "Eu tirei algo dele... se eu pudesse, devolveria em um minuto" — rapidamente mudou a opinião pública. Aliás, todos podemos seguir o exemplo do outro protagonista dessa história, Galarraga, que fez questão de apertar a mão do árbitro ao lhe entregar a lista de formação do time, comportando-se de forma educada em uma situação na qual muitos teriam deixado a decepção falar mais alto.

Apenas algumas semanas após o erro de Joyce, ele foi eleito o melhor árbitro de beisebol em uma pesquisa respondida por 100 jogadores da Major League e publicada pela *ESPN The Magazine Baseball Confidential*. Ao longo de seus 22 anos na liga profissional, ele construiu uma marca pessoal tão forte, respeitada e autêntica que mesmo um grande erro como o cometido em relação a Galarraga não conseguiu destruir sua carreira. O legado supera tudo. Seria sensato que qualquer negócio, seja de 22 anos ou de 22 dias, seguisse o exemplo desse árbitro.

As pessoas enxergam a enganação até mesmo nas águas do Golfo poluídas de petróleo. Com o poder das mídias sociais para divulgar artigos, imagens, vídeos e gravações de áudio por todo o mundo em minutos, a autenticidade e os relacionamentos de longo prazo resultantes da interação verdadeira com os consumidores serão quase sempre o fator decisivo de como marca ou empresa sobrevive a um passo em falso na economia da gratidão.

Capacite as Pessoas

Gosto de imaginar que empresas de médio e grande porte abrirão um setor que adoraria chamar de Departamento de Assuntos Desagradáveis (na verdade tenho outro nome, mas prefiro deixar os piores palavrões para minhas palestras). Para os propósitos deste livro, chamarei esse setor de Departamento de Mídia Social, liderado por um gerente de comunidade e integrado por um pequeno exército de colaboradores cuidadosos e dedicados a interagir e se engajar com todos os clientes. Mas, na economia da gratidão, as grandes empresas se comportam muito mais como pequenas empresas, nas quais os funcionários geralmente desempenham várias funções e espera-se que contribuam sempre que necessário. Assim como a equipe de uma pequena loja familiar, os grandes negócios que participam da economia da gratidão capacitariam todos os funcionários para fornecer um atendimento fenomenal ao cliente e não relegariam essa tarefa ao Departamento de Mídia Social. Atualmente, o atendimento ao cliente pode se parecer com um analista de negócios que trabalha no departamento de contas a pagar da Vitamin Water; sábado, no parque, ele se senta em um banco ao mesmo tempo em que um cara toma um gole de um Vitamin Water sabor pitaia e diz ao amigo: "Amo esse sabor." O analista pega seu cartão de visitas, aborda-os e diz: "Fico feliz que você goste. Mande-me um e-mail e enviarei um código online para uma caixa grátis. Obrigado por desfrutar da nossa bebida!" Se o analista trabalhasse para uma empresa sem recursos para oferecer produtos gratuitos, um simples "eu trabalho para a Vitamin Water. Fico feliz por gostar do nosso produto. Obrigado por bebê-lo" ainda impressionaria um cliente desavisado. Ainda é tão raro alguém ser pessoalmente reconhecido por uma marca que o impacto de um gesto tão simples e educado nos hábitos de compra de um cliente pode ser enorme. Quando se trata de atenção ao consumidor na economia da gratidão, há pouca diferença entre o comportamento online e offline. Tudo é público. Sempre que sua marca ou produto for mencionado ou usado é uma oportunidade para dizer *"Obrigado"*, *"De nada"*, *"Desculpe-me"*, *"Como assim?"*, *"É como você realmente se sente?"*, *"Diga-me o que aconteceu"*, *"Como posso resolver o problema?"* ou *"Deixe-me ajudar"*. Você deve estar pensando: "Espera aí. Há algumas razões óbvias para que tal estratégia nunca funcione."

1. É bom que os clientes se sintam apreciados e cuidados, mas como recompensar com coisas grátis?

Bem, e se cada funcionário recebesse seu próprio orçamento de marketing, digamos, US$200, que poderia ser gasto conforme quisesse para fornecer momentos fabulosos de atendimento ao cliente? Você pode acompanhar quem o usou, e como, e então ajustá-lo. Margot, por exemplo, aplica seu orçamento em clientes que dão retorno, o que significa uma das seguintes opções: 1) realmente sabe fazer um cliente em potencial sentir que ela se preocupa com os negócios; 2) é muito boa em reconhecer pessoas que de fato precisam de seu produto ou serviço. Dan, por outro lado, usa seu orçamento com amigos ou para conseguir compras pouco aproveitáveis. É evidente que o orçamento de Margot deve aumentar e o de Dan diminuir. Mas, caso deseje que Dan faça um trabalho melhor, ofereça um incentivo: para cada cliente que retornar, o funcionário que agradecê-lo e fechar a venda recebe uma porcentagem da compra ou um pequeno bônus. Isso pode funcionar.

2. Mesmo que funcionasse, poderia resultar em pessoas que aproveitam o marketing indireto apenas para obter serviços e produtos gratuitos. Ou, por outro lado, causaria uma reação negativa ao ser interpretado como uma tática sorrateira de marketing.

Talvez. Se as empresas adotassem essa estratégia, poderíamos perder a confiança na opinião alheia e achar que qualquer pessoa que senta ao nosso lado está bisbilhotando. Não acredito que acontecerá, pois seria ínfima a porcentagem de empresas que realmente chegariam a esse extremo para provar que escutam seus clientes. Mas, se acontecesse, demoraria muito. E quando o público se irritasse, você, que está sempre em busca de novas oportunidades para mostrar aos seus clientes que se importa, se adaptaria e seguiria em frente. Você perceberia a situação e descobriria uma nova maneira de interagir com os consumidores. Assim será com o Facebook e o Twitter. Quando essas plataformas pararem de funcionar tão bem quanto agora, não importará, pois você já terá começado a usar a próxima novidade de mídia social ou outra a ser inventada. As plataformas utilizadas são incrivelmente importantes para o marketing social de sucesso, mas nunca estarão à altura de sua intenção e mensagem.

Culturas e sociedades mudam. Um caso amoroso destruiu a campanha presidencial de Gary Hart em 1988, mas, apenas alguns anos depois, não foi motivo suficiente para tirar Bill Clinton da Casa Branca em 1990. Clinton teve que jurar que nunca cheirou cocaína, mas Barack Obama admitir que usou maconha e cocaína durante a faculdade foi praticamente irrelevante. É claro que outros fatores influenciaram suas carreiras políticas. Mas não podemos negar que a reação do público, ou a falta dela, a essas notícias mostra que a sociedade e a cultura passaram por mudanças. O que parece radical, assustador, impossível ou exagerado em um momento será comum em outro. Talvez a cultura corporativa do cuidado que prevejo neste livro pareça extrema. Se sim, é só por agora. Aqueles que pensam que sonho muito alto, me procurem daqui a alguns anos e conversaremos. Juro que serei educado e não direi "eu avisei". Bem, pensando melhor, talvez diga, sim.

CAPÍTULO CINCO

O "Par Perfeito": A Mídia Tradicional Conhece a Mídia Social

Quem vive na região de Nova York deve ter visto propagandas do meu livro *Vai Fundo!* em um outdoor localizado bem ao lado do Meadowlands, onde meu amado New York Jets joga, e em cima de alguns táxis percorrendo a cidade. Você pode estar se perguntando por que me dei ao trabalho de usar essa estratégia, especialmente pelo fato de que ressaltei mais de uma vez que, no passado, a publicidade em outdoors me trouxe cerca de 10% dos resultados obtidos em comparação ao Twitter.* Bem, vou tirar essa sua dúvida. Mesmo que as taxas de visualização e absorção na mídia tradicional estejam muito abaixo do que costumavam estar, ainda trazem algum prestígio e podem oferecer alguns resultados. Para muitos, você não é uma marca legítima a menos que tenha presença nessas plataformas. Então, quando pude permutar minha consultoria por espaço publicitário para meu livro em cima de um

---

* Para mais informações, leia *Vai Fundo!*.

táxi, não pensei duas vezes. Quanto ao outdoor, dizia o seguinte: "Pergunte quanto paguei por esse outdoor" e embaixo meu endereço de e-mail. De uma só vez, consegui promover meu livro, criar uma oportunidade de diálogo e avaliar o interesse das pessoas na questão apresentada. Para quem me perguntou, respondi: gastei US$1.500 em um outdoor no qual muitas marcas gastam US$10 mil.

Não sou um negociador muito mais brilhante do que algumas pessoas que compram espaços em outdoors e anúncios para outras marcas, mas tinha dois aspectos ao meu favor. Primeiro, tinha um excelente relacionamento com o representante que me vendeu o espaço do outdoor, pois já havia trabalhado com ele antes. Ele é um cara fantástico, esforçado, muito persistente, atento ao que estou fazendo e contribui com muitas ideias para me ajudar. Agora, porém, conheço o jogo dos outdoors, então sabia o que pedir, quando recuar e quando continuar. Como temos um relacionamento muito legal, conseguimos trabalhar juntos para chegar a um acordo mutuamente aceitável. Em segundo lugar, dou importância às coisas de uma forma absurda. Compare a mentalidade de um gerente de contas em uma agência de publicidade, cujo cliente de uma grande marca lhe dá US$5 milhões para gastar, sendo US$300 mil alocados para outdoors, com o pensamento do proprietário de uma pequena empresa que sente que cada dólar gasto em mídia vem de seu próprio bolso. O pequeno empresário se esforça muito mais pelo melhor acordo. O quanto uma pessoa se importa afeta muito o modo como ela faz negócios. Não quer dizer que os gerentes de contas e as outras pessoas que as empresas contratam, e nas quais confiam para gerenciar aspectos corporativos, não se importem com os clientes. Muitos se importam, mesmo, mas é preciso uma pessoa especial para adotar um senso de propriedade e identificação com um cliente. Se acreditar que há alguém assim ao seu lado, segure essa pessoa com todas as suas forças.

Embora tenha construído minha marca quase inteiramente por meio das redes sociais e comparado a mídia tradicional com o Pony Express [correio expresso a cavalo do século XIX], há uma segunda razão para eu tê-la usado para anunciar um livro sobre a construção de marcas pelas redes sociais: minha meta era falar com o máximo de pessoas que pudesse atingir. Consigo alcançar muitas pessoas ao dar atenção demasiada a elas na internet, mas reconheço que algumas ainda não estão lá. Essas pessoas são igualmente importantes para mim e quero ir aonde elas estão. Anunciaria em todas as revistas, desde a *Fortune* até a *People*, se achasse que elas cobram o preço justo pelo espaço publicitário — e tenho certeza de que esse preço não é US$35 mil por uma página inteira. Esse é um valor calculado com base nos números de circulação, mas não nos leitores reais. Não há como você me dizer que toda pessoa que pegar a revista verá a página em que meu anúncio será exibido. Acredito que o preço deve refletir essa realidade e que toda empresa que compra publicidade deve exigir preços mais justos.

Até esse dia chegar, no entanto, a maioria das empresas simplesmente terá que "enxugar", pois a única maneira de se livrar dos pneuzinhos é reduzindo um pouco de gordura. Caso ainda não tenha feito isso, é necessário encontrar uma maneira de realocar algum dinheiro em seu orçamento para as mídias sociais, porque é uma loucura total que qualquer empresa não tenha uma presença no Facebook e no Twitter em pleno século XXI. Existem algumas marcas que podem se safar exclusivamente com marketing nas mídias sociais, mas não há uma única empresa por aí que não possa se beneficiar ao incluir as mídias sociais à sua estratégia de marketing. Além do mais, uma marca que joga exclusivamente no campo das mídias sociais está prejudicando a si própria ao não considerar o potencial da mídia tradicional. Quando usadas em seu potencial máximo, as duas plataformas podem se complementar de maneiras surpreendentes.

Estenda a Conversa

Imagine que esteja saindo com alguém e rola aquela química boa. Não seria legal deixar acabar no restaurante. Provavelmente você sugeriria continuar a conversa com umas bebidas, um café ou até sorvete. Um passeio, uma passada em uma livraria ou uma parada na loja de vinil retrô não seria má ideia. Quando se está em um encontro incrível, a noite não precisa terminar, e certamente você tentará encontrar alguma maneira de manter a conversa e a conexão em andamento.

A combinação das mídias tradicionais e sociais permite que você faça o mesmo ao conversar com as pessoas sobre sua marca. A Denny's, por exemplo, teve um desses encontros perfeitos com a TV para atingir os clientes durante o Super Bowl de 2010. Ela rodou três comerciais anunciando que, por algumas horas na terça-feira seguinte, seria possível ganhar um café da manhã gratuito. As propagandas eram engraçadas e criativas — galinhas se assustavam com quantos ovos teriam de pôr para o evento. No entanto, uma oportunidade foi perdida: a de aproveitar todas as pessoas que assistiam aos anúncios com seus notebooks abertos na frente delas! Tudo o que a Denny's deveria ter dito era: "Acesse agora o Facebook.com/Denny's, torne-se um fã [uma opção que foi substituída pelo botão "Curtir"] e receba um cupom para um suco de laranja grátis." Centenas de milhares — talvez milhões — de pessoas teriam ido à sua página, passariam algum tempo interagindo com a marca e receberiam seu cupom, e a Denny's teria dados que poderia usar e reutilizar por anos. Conclusão: a Denny's gastou cerca de US$10 milhões para produzir três anúncios e distribuir um monte de produtos gratuitos. A empresa proporcionou aos seus consumidores uma experiência legal e muito provavelmente ganhou novos clientes, mas, se tivesse estabelecido relacionamentos com eles na rede social, a empresa teria expandido o valor desses US$10 milhões. Ao clicar em "Curtir" na página de uma marca no Facebook, os clientes demonstram sua disposição para oferecer dados sobre si mesmos, permitindo que a marca se comunique diretamente com eles e que adapte seu marketing de maneira extremamente pessoal e personalizada. À medida que o engajamento entre marca e consumidor aparece no feed de notícias, a mensagem se espalha ainda mais pelo ecossistema de mídias sociais sem esforço adicional algum da marca. Se a Denny's tivesse prolongado a conversa, o encontro poderia ter terminado com um convite para uma saideira em vez de um selinho rápido na porta de casa.

Em contrapartida, a Reebok estendeu a conversa e convidou seu público para uma bebida por meio do seu anúncio de televisão das camisas de treino Speedwick. O evento contou com a participação de Sidney Crosby, campeão da Stanley Cup, e Maxime Talbot, seu companheiro de equipe no Pittsburgh Penguins, durante uma visita à casa onde Crosby nasceu, em Nova Escócia, Canadá. A propaganda mostra Crosby e Talbot descendo até o porão, onde eles admiram a secadora de roupas atingida por cada disco que Crosby não acertou em sua rede de treino, posicionada ao lada da máquina. Os dois começam a atirar discos de dentro da secadora aberta — o primeiro a conseguir nove acertos vence. Enquanto Talbot lidera por 3 a 1, a tela escurece de repente e aparecem as palavras: "Veja quem vence em Facebook.com/reebokhockey." Somente ao se tornar fã da página é que os espectadores conseguem descobrir quem ganhou.

O anúncio mostrou a marca de uma forma divertida e pessoal, convidando os fãs de hóquei a entrar na vida particular de um jogador famoso. Então, atraiu ainda mais esses fãs, dando-lhes uma razão para seguir a marca no Facebook, e certamente eles o fizeram. Em pouco tempo, a Reebok viu seus números saltarem para dezenas de milhares. Os números em si não significam nada. A qualidade dos seguidores e fãs é o que realmente importa, e não a quantidade, mas nesse caso a Reebok tinha os dois. Os números representaram dezenas de milhares de pessoas que deram permissão à empresa para fazer o remarketing da marca. Por sua vez, essas pessoas têm o potencial de difundir a mensagem da Reebok para milhões de pessoas por meio de atualizações de status, comentários e outras formas de engajamento. Todos os fãs da NHL (Liga Nacional de Hóquei) veriam o anúncio, e seu encontro com a Reebok teria terminado em 60 segundos. Anos depois, no entanto, a Reebok pode continuar esse encontro enquanto mantiver um engajamento interessante e compensador para sua base de fãs. Isso é o que eu chamo de orçamento de marketing bem gasto.

Aprenda a Jogar Pingue-Pongue

Quando as mídias tradicionais e sociais funcionam bem juntas, tal como aconteceu com a Reebok, é como se fosse uma partida de pingue-pongue entre amigos. Em vez de dar uma cortada na bola com a mídia tradicional e terminar a partida, a Reebok rebateu de volta para a mídia social. *Pingue*. Então ela devolveu à mídia social a chance de devolver a rebatida. *Pongue*. Qualquer um pode fazer isso. Desenvolva um trabalho criativo que permita que as plataformas se unam, trabalhem juntas para estender a história, continuar a conversa e se conectar com seu público. Exija mais da sua agência de publicidade. Não é o suficiente apenas colocar um logotipo do Twitter ou Facebook na parte inferior do seu anúncio, ou mostrar um Facebook.com/suamarca no final do seu comercial de TV. Essa ação é tão empolgante e útil quanto sair falando por aí "Vendemos telefones!" ou "À venda nas principais lojas!".

Em vez disso, você poderia postar uma imagem ou um texto criativo, incluindo o seu endereço real no Facebook e no Twitter, pois isso despertará o interesse do consumidor para ir até lá e ver o que mais você tem a dizer. Atraia os seguidores e mantenha a conversa pelo máximo de tempo possível.

Sobrepor as mídias sociais à mídia tradicional para estender a história é a jogada de marketing mais prática, executável e mensurável a ser realizada atualmente. Portanto, deve ser uma estratégia relativamente fácil de ser transmitida à sua equipe ou aos seus clientes.

CAPÍTULO SEIS

"I'm on a Horse": Como a Old Spice Jogava Pingue-Pongue e, de Repente, Deixou a Bola Cair

A menos que você estivesse vivendo em uma caverna, provavelmente viu pelo menos um dos comerciais da Old Spice, estrelado por Isaiah Mustafa, que começou a ser exibido no dia seguinte ao Super Bowl de 2010. Com essa campanha, a Procter & Gamble, empresa-mãe da Old Spice, mostrou ao mundo como uma marca pode arrasar na estratégia de mídia do pingue-pongue que mencionei no capítulo anterior.

Primeiro, começou com um conteúdo excelente, parodiando todos os estereótipos de masculinidade possíveis por meio de um texto inteligente e um elenco visualmente perfeito. Assim que Isaiah Mustafa, de peito nu, passando de um cenário romântico a outro e explicando às mulheres que, mesmo que o homem delas não se parecesse com ele, poderia ter o mesmo cheiro que ele se parasse de usar sabonete líquido feminino, apareceu na tela, milhões de pessoas assistiram novamente à propaganda em seus DVRs. Repetidas vezes. Então, começaram a falar sobre ela no Facebook, no Twitter e fazer vídeos paródicos no YouTube.

Graças à propaganda da TV, milhões de pessoas — especialmente mulheres — se afeiçoaram a Isaiah Mustafa e relacionavam seu abdômen definido à marca Old Spice. Cinco meses e um segundo comercial de TV depois, os profissionais de marketing da P&G usaram a plataforma de anúncios promovidos do Twitter para pedir aos seguidores da marca no Twitter e Facebook, bem como usuários do Reddit e do Digg, que enviassem perguntas para o garoto-propaganda, as pessoas atenderam ao pedido sem hesitar. Elas votaram nas perguntas favoritas e os vencedores receberam respostas pessoais do próprio Mustafa. O garoto-propaganda da marca também fez contato com celebridades influentes, incluindo George Stephanopoulos, Alyssa Milano, Rose McGowan e Kevin Rose, que, não por acaso, têm uma ampla base de seguidores no Twitter. A internet foi à loucura quando as pessoas descobriram que podiam falar diretamente com o homem que, nos comerciais, podia cavalgar de costas e segurar um bolo enquanto usava uma serra elétrica na cozinha. Ao longo de dois dias, Mustafa gravou cerca de 200 vídeos em tempo real respondendo às perguntas dos fãs.

Atue no Centro Emocional, Mas Não Fique no Meio de Campo

O mundo corporativo nos EUA e muitas empresas privadas gostam de ficar no meio de campo, pois ele é seguro e, frequentemente, quantificável. Além disso, é possível alcançar muitas pessoas a partir do meio, como podemos ver nesta ilustração:

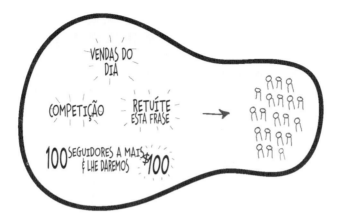

No entanto, muito pouco é frequentemente memorável quando se está no meio. Memorável é aquilo que adere. Histórias e ideias que nos pegam desprevenidos, nos fazem prestar atenção, aparecem onde não esperávamos e ficam na nossa mente. Histórias que aderem são aquelas levadas adiante, que permeiam a barreira ao redor do meio e alcançam muito mais pessoas do que se imagina naquele espaço limitado.

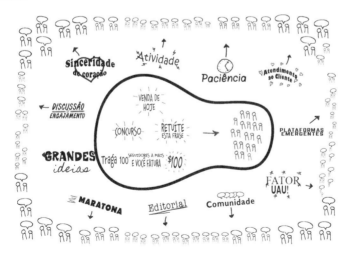

É possível usar uma plataforma de mídia tradicional como a televisão, mas as vitórias do marketing estão nos extremos. Aquele tipo de coisa que faz as pessoas olharem do alto de seus iPads ou smartphones e dizerem: "Que loucura é essa?" Conteúdo de qualidade é o que manda. Sempre. Mas, a partir de agora, o conteúdo de qualidade deve ser acompanhado do engajamento de qualidade. É preciso estar preparado para se engajar com seus consumidores online quando começarem a pesquisar, tuitar e usar o Facebook para buscar informações sobre o incrível conteúdo que acabaram de experimentar. Nossa cultura de consumo funciona assim agora. Qualquer pessoa que faça marketing na economia da gratidão precisa estar atenta à direção da cultura e seguir pelo mesmo caminho.

A campanha da Old Spice não foi barata. Os valores de produção eram altos, tinha o cachê do ator, uma equipe precisava acompanhar todas as menções da Old Spice circulando pela internet, os roteiros eram escritos por quatro pessoas tão rapidamente quanto as perguntas chegavam, e a coisa toda começou com uma propaganda multimilionária na TV. Ainda assim, a empresa decidiu gastar mais dinheiro com tuítes promovidos e com um canal de publicidade no Twitter completamente novo e ainda não testado. Isso indica que alguém na empresa, ou na Wieden and Kennedy, a agência de publicidade com a qual estavam trabalhando, entendeu um dos princípios primordiais da economia da gratidão: vale a pena jogar um anzol em lagoas de microtendências; elas são menos movimentadas, mais tranquilas e menos caras do que os grandes mares em que todo mundo está pescando. Na economia da gratidão, essas águas menores aparecerão com uma frequência cada vez maior. A probabilidade é que elas sequem rapidamente também. Quando usadas corretamente, as microtendências são capazes de fornecer um novo canal pelo qual as marcas podem contar sua história para um novo público. A vantagem de ser o primeiro usuário é mais importante agora do que nunca.

A Campanha Funcionou?

Depende de a quem se pergunta. Por exemplo, as vendas do sabonete corporal Old Spice, que já estavam subindo, aumentaram consideravelmente — 55% nos três meses seguintes ao primeiro comercial de TV —, então dispararam 107% (uma estatística que me incluiu porque foi quando comprei meu primeiro Old Spice*). Tudo isso aconteceu na época em que os vídeos de resposta começaram a aparecer, mas alguns pareciam questionar se o aumento ocorreu devido a uma promoção do cupom dois por um, e não de uma campanha de mídia social bem integrada. Há duas coisas que são verdadeiras nessa história:

1. A mídia conquistada foi intensa. Praticamente todos os blogueiros de marketing e tecnologia, e quase todas as mídias e agências de notícias dos EUA falavam dessa história. O valor e o alcance da cobertura da mídia devem significar muito mais do que um monte de anúncios impressos de página inteira nas revistas *Maxim* ou *Cosmopolitan*.

2. O canal da Old Spice no YouTube registrou mais de 11 milhões de visualizações e mais de 160 mil seguidores. Onze milhões de impressões — um número impressionante. Logo, a Procter & Gamble tem dados de 160 mil pessoas que não tinha antes, e

---

* Quando vi os anúncios e ouvi falar da campanha, respeitei o esforço empregado, mas não me passou pela cabeça sair correndo e comprar um Old Spice. Em vez disso, entrei na farmácia para comprar outra coisa, vi o desodorante na prateleira, lembrei de quanto havia curtido os vídeos e decidi experimentar o produto.

pode usá-los para fazer remarketing para esses consumidores. Quanto isso vai custar dessa vez? Nada.

Poderia uma marca menor e com um orçamento mais baixo ter feito uma campanha como a da Old Spice? Sim e não. Se tivesse talento, sem dúvida. Porém não podemos subestimar o peso dos milhões de dólares que a empresa investiu na criação de oportunidades para o público estabelecer uma ligação emocional com seu garoto-propaganda. A Old Spice poderia ter gastado o dobro. Se não tivesse tanto talento, nem um roteiro tão inteligente, o anúncio teria sido esquecido assim que fosse ao ar, ou talvez sequer fosse notado. Uma marca que gasta apenas $30 mil e consegue menos fãs não necessariamente perde se investir em um relacionamento com cada um deles. Dar continuidade conta muito na economia da gratidão.

Está prestando atenção, Tigre Tony? E você, Ronald McDonald? Por que as marcas mais icônicas não aproveitam a oportunidade de conversar com as pessoas que as amam? Em outras palavras: tudo isso não tem a ver com orçamento, mas com criatividade e cuidado. Qualquer marca, seja de renome ou não, pode se beneficiar da postagem de vídeos pessoais; não precisa ter os valores de produção da Old Spice. Qualquer uma é capaz de produzir um conteúdo fantástico e surpreendente. Grandes marcas não detêm um monopólio de mídias sociais que aderem.

Recapitulando como a Old Spice executou de maneira brilhante o engajamento individual:

Estabeleceu *brand equity* na TV com um conteúdo fantástico. *Pingue.*

Em seguida, estendeu a história convincente para o Facebook e o Twitter. *Pongue.*

E para o Digg, Reddit e várias outras pequenas lagoas. *Pingue.*

Cujos usuários acessaram o grande mar do YouTube para ver os vídeos. *Pongue.*

Onde tiveram um nível de atenção e envolvimento pessoal com a marca que raramente, ou nunca, foi visto antes. *Pingue.*

E então esses usuários tuitaram e comentavam loucamente sobre o fato. *Pongue.*

Que ganhou cobertura para a campanha na televisão, na mídia impressa e no rádio, assim tornando a Old Spice, a marca de desodorante do seu avô, uma notícia de nível nacional.

O Grande Erro

Centenas de especialistas elogiavam e consideravam a campanha da Old Spice uma grande vitória nas mídias sociais. No entanto, a história toma um rumo surpreendente a partir daqui. Tinha certeza de que a empresa planejava usar as informações que tinha de seus quase 120 mil seguidores no Twitter[*] para começar a se engajar com cada um deles a um nível pessoal e significativo. Cada uma dessas pessoas deveria ter recebido um e-mail de agradecimento por assistirem aos vídeos, lhes oferecendo um motivo para continuar acompanhando as atualizações. Adoraria estar errado, mas infelizmente não foi o que a marca fez. Em setembro de 2010, quase dois meses depois de surpreender o Twitter, a conta da Old Spice tuitou apenas 23 vezes, e nenhum dos tuítes falava ou interagia com uma pessoa ou usuário real da marca. A revista especializada *Ad Age* publicou um artigo

---

[*] De janeiro a julho de 2010, o número de seguidores da Old Spice no Twitter aumentou 5.400%.

que começa com a frase: "A Old Spice desaparece no passado..." Se eu fosse o responsável, pode apostar que 10 mil tuítes teriam sido disparados desde 14 de julho, o último dia do vídeo de resposta da campanha. Para mim, parece que a empresa é uma velocista presa em uma mentalidade tradicional de marketing, e não uma corredora de maratona que vive na economia da gratidão.

Logo, a resposta para "essa campanha funcionou?" depende de a quem se direciona a pergunta. Provavelmente 99% do mercado diria que foi uma vitória na mídia social — causou agitação, resultou em uma quantidade incrível de mídia conquistada* e, por fim, as vendas dispararam. Porém 99% do mercado não percebe que estamos na economia da gratidão, e que se usam padrões antigos de mídia para registrar suas vitórias. Então, sim, a campanha foi vitoriosa — da mesma maneira que um comercial tradicional vence, mas poderia ter ganhado mais se a Old Spice tivesse enxergado além.

A empresa pensou que, ao terminar a campanha, seu trabalho estaria finalizado. Um grande erro. Na economia da gratidão, uma campanha de mídia social nunca termina; ela premia corredores de maratona, e não velocistas. Tudo o que a P&G precisava fazer era espalhar um pouco mais de pó mágico ao humanizar seus negócios e garantir relacionamentos de longo prazo com seus clientes, mas não o fez. Assim, transformou todas as características de uma campanha magnífica de mídia social em uma estratégia de etapa única.

A Old Spice teve um grande aumento nas vendas e no reconhecimento da marca, mas há muitas outras que fizeram um grande

---

* Infelizmente será muito mais difícil para as campanhas de mídia social atraírem as mídias conquistadas, uma vez que o público já está acostumado a se comunicar diretamente com as marcas. Assim como acontece com quase todos os esforços para chamar a atenção, é necessário se reinventar constantemente e se superar para causar impacto.

marketing, bombaram por um tempo e depois desapareceram do radar do consumidor. A marca teve a oportunidade de continuar a conversa com todas as pessoas que se conectaram com ela e a desperdiçou. Os clientes foram deixados para trás, limitando o impacto total que a campanha poderia ter sobre a marca. Certamente houve muitos que ficaram irritados quando não conseguiram mais interagir com a Old Spice. Pior ainda aqueles que simplesmente se esqueceram da marca e sobre o quanto se divertiram ao interagir com ela. Vai custar muito à Old Spice reconquistar essas pessoas.

Fiquei completamente chocado. Por um lado, fiquei arrasado ao ver essa reviravolta, e quis ligar para a Old Spice e implorar para que me deixasse ajudar a pôr a marca de volta nos trilhos; por outro, tive uma grande oportunidade de mostrar como uma marca é capaz de sabotar uma ótima campanha de mídia social.

Até ia comprar outro Old Spice quando acabou o primeiro que adquiri, mas desanimei. O silêncio da marca no Twitter significava que ela quis terminar nossa relação. Ficou satisfeita com o fato de eu e milhares de outras pessoas termos gastado nosso dinheiro com o produto, se acomodou, aproveitou o aumento de receita e seguiu para uma nova campanha.

Espero que um dos concorrentes da Old Spice esteja lendo isso agora. A marca teve uma chance incrível de transformar 120 mil estranhos em conhecidos e talvez até amigos, mas, no momento de escrita deste livro, a P&G deixou bem claro que o interesse deles pelos clientes é superficial. Agora é a chance do concorrente de mostrar como uma marca realmente se importa com seus atuais clientes e com aqueles que gostaria de conhecer.

Quando comecei a Wine Library TV, era o único na jogada e construí um séquito leal ao me envolver constantemente e conversar com as pessoas. Depois, observei alguns concorrentes enviando spams ou, de alguma forma, tentando contatar meus clientes e fãs, tentando invadir meu espaço. Eles se deram mal, pois já tinha conquistado o coração dos meus clientes. À medida que meu empreendimento cresceu, no entanto, e ficou mais difícil fornecer o mesmo nível de engajamento individual com o qual meus fãs estavam acostumados, percebi no Twitter que alguns relacionamentos começavam a se formar entre alguns dos meus clientes e meus concorrentes. Quando parei de trabalhar tanto nas minhas relações com essas pessoas, um novato conseguiu entrar no jogo e roubá-las de mim. Não é diferente da mulher casada que vai para casa depois de ter uma noite divertida em um bar com um amigo após o trabalho. Ao chegar, ela encontra seu marido tão imerso no videogame que não consegue nem dar um tempo no jogo para perguntar como foi o dia da esposa. É de se admirar que ela se apaixone pelo outro cara? A arte imita a vida, e a vida imita os negócios. É preciso trabalhar em todos os relacionamentos da sua vida, seja pessoal ou profissional.

Talvez devesse dar à Old Spice o benefício da dúvida; quem sabe ela tenha voltado à ativa no momento em que você estiver lendo este livro. Espero que sim. Mesmo que o faça, no entanto, a marca terá perdido inúmeros potenciais bons negócios em longo prazo e precisará se esforçar muito mais para recuperar aquele ímpeto de antes.

CAPÍTULO SETE

Intenção: Qualidade versus Quantidade

Em *Vai Fundo!*, falei muito sobre minha crença de que abraçar seu DNA, concentrar-se em sua paixão e vivê-la todos os dias eram o segredo para ter uma vida pessoal e profissional gratificante e feliz. Desde então, percebi que há outro aspecto que importa. De fato, pode ser o maior diferencial dessa nova economia: a **boa intenção**. Acredito imensamente que, se suas intenções são boas, elas ficam evidentes e atraem as pessoas. Criam magnetismo. Talvez seja possível pensar em muitos exemplos de indivíduos que foram capazes de fingir boas intenções para conseguir o que queriam. Porém acho que a economia da gratidão, que nos trouxe plataformas como Facebook e Twitter, que enfatizam transparência e imediatismo, deu aos consumidores melhores ferramentas para identificar e expor interesses e intenções ocultas de uma empresa ou marca, bem como reconhecer e recompensar as boas.

Se já pensou em iniciar uma campanha de mídia social, ou até mesmo tentou uma iniciativa ou duas, qual foi sua intenção? Seu objetivo era fazer alguém visualizar ou clicar no botão "Curtir"? Ou era construir identidade online e promover uma conexão entre você e o consumidor? Se sua resposta for a primeira, você acaba de descobrir o motivo pelo qual a maioria das campanhas não atinge seu potencial.

"O que há de errado em fazer as pessoas visualizarem?", você pode estar se perguntando. "O que há de errado em usar as mídias sociais para direcionar tráfego para meu site ou loja?" Nada. Mas se o único motivo pelo qual está no YouTube, Tumblr, Twitter, ou qualquer outra comunidade online vibrante, for atrair mais seguidores e fãs do que outra pessoa a fim de transmitir sua mensagem a essa base de usuários, você está no jogo errado e vai perder. Se sua visão da mídia social for totalmente limitada e tudo aquilo com o que se preocupa é o número de fãs, retuítes ou visualizações, você perdeu o foco principal. Na economia da gratidão, o sucesso nas mídias sociais e nos negócios em geral sempre deve ser medido com atenção à qualidade e à quantidade. É possível empregar estratégias insignificantes para aumentar seus números, porém, mesmo que funcionem e as estatísticas pareçam impressionantes, não haverá ganho de real valor porque nada de real valor foi aplicado. Todos os números comprovam que você fez contatos, e não conexões. Uma campanha de mídia social bem-sucedida é aquela que se aproxima do centro emocional; quanto mais longe estiver dele, mais longe os clientes estarão. O valor deles, portanto, será menor em longo prazo do que seria caso tivesse se envolvido a ponto de fazê-los querer se aproximar. Esses princípios fundamentais que consideram o valor vitalício de um cliente são os alicerces da gratidão.

A mídia social funciona melhor quando se provoca emoção nas pessoas de quem está se aproximando. Isso atrai. Ao inserir um anúncio tradicional, seja na TV, no rádio, na imprensa, em um outdoor ou em um banner, gasta-se muito dinheiro para divulgar sua mensagem repetidas vezes, forçando-a para a consciência do consumidor. Algumas pessoas tentam usar as mídias sociais da mesma maneira, insistindo em argumentos e artifícios de venda. Tais esforços podem resultar em uma atenção breve, mas a mensagem desaparecerá e certamente não terá valor em longo prazo, pois não vale a pena refletir sobre ela. Ao lançar uma campanha, deve-se incitar uma emoção — seja de forma positiva ou negativa — para que todo mundo se sinta instigado a compartilhar. Dê às pessoas um assunto a ser discutido, liberte o poder do boca a boca e permita que lhe atraiam para sua consciência. Deixar os consumidores decidirem por si mesmos que realmente querem conhecê-lo, em vez de persuadi-los a isso, pode fazer uma grande diferença no tipo de relacionamento subsequente. Sabe quando os pais decidem que encontraram a garota perfeita para o filho? É a mesma coisa. Ele não vai chamá-la para sair se eles o atormentarem, e, mesmo se o fizer, a coitada da garota provavelmente não terá chance, pois ele só o fará para se livrar da insistência dos pais. Entretanto, se fizerem uma festa, se certificarem de que a garota estará lá, e tiverem certeza de que ela e o filho são o par perfeito, os dois provavelmente se encontrarão. Então poderão ter um desses encontros perfeitos, no qual a conversa se estende. Use campanhas de mídia social para criar uma oportunidade de envolvimento, não para forçá-lo.

A Intenção Diária

A mesma intenção que alimenta qualquer campanha de mídia social bem-sucedida também tem que estar por trás do engajamento diário que uma marca busca por meio das redes sociais. A sua intenção deve ser dupla: aguar o máximo de plantas possível e apagar todo fogo. Ao lidar com relacionamentos online, todo envolvimento deve ser respondido com sincera emoção. Aprimore-se, pois muito em breve será uma parte extremamente importante do seu mix de marketing e, possivelmente, a única abordagem que realmente funciona. Não significa que se tenha que escrever uma carta de amor para todos que elogiam sua marca. A emoção não precisa ser prolixa; só precisa ser autêntica.

Uma empresa que tem acertado é a Quirky, Inc., um site para inventores. Quando lançou a campanha pelo Twitter pela primeira vez, o fez para alcançar sua comunidade e atrair novos usuários para o site, mas o feed unidirecional fez com que parecesse que se importava apenas em impor o produto. Como isso atrairia alguém para o centro emocional?

Então a Quirky começou a postar conteúdo para atrair as pessoas, e não forçar sua mensagem. Eles transformaram em conversa qualquer abordagem ou menção, interagindo com as pessoas que assim desejavam. A diferença é impressionante.

INTENÇÃO: QUALIDADE VERSUS QUANTIDADE 129

Desde que mudou de abordagem, a Quirky disse o seguinte: "Tivemos imensas (muitas vezes divertidas) idas e vindas no Twitter em vários sentidos, desde feedback sobre o produto até episódios favoritos dos *Simpsons*. Agora não deixamos que nenhum tuíte passe batido." Para a Quirky, uma empresa baseada em ideias de produtos de *crowdsourcing* [colaboração coletiva], ampliar o feedback é uma importante função empresarial. Além disso, o aumento da conversa otimiza seu processo geral de coleta de dados. Clientes falam sobre uma empresa sem que haja envolvimento com ela, mas, quando essa companhia interage com eles, as discussões adicionais que se seguem podem revelar dados valiosos. Qualquer empresa deveria perceber como esse tipo de engajamento é benéfico.

Ao controlar danos ou apagar incêndios, é preciso abrandar um pouco, compartilhar a oportunidade de falar, ouvir, responder adequadamente e escutar novamente. Você tem que ouvir mesmo quando realmente não quer. Pense nisso desta maneira: nenhum problema foi resolvido quando alguém saiu no meio da conversa.

Um aspecto assustador para muitos em relação às mídias sociais é que elas exigem que você saia do roteiro. As regras de envolvimento obrigam você, ou a pessoa a quem confiou a voz de sua marca, a improvisar e a querer ir para onde o consumidor levá-lo. Essa é uma proposta assustadora para muitas empresas e marcas, e consigo entender o porquê. Os líderes empresariais são obcecados por permanecer na mensagem, como deveriam, e seus roteiros são cuidadosamente elaborados para garantir que a mensagem seja repetida, independentemente da situação. O problema é evidente: eles não conseguem prever os detalhes de todas as possíveis interações com o cliente, uma realidade que está se tornando cada vez mais problemática, pois a mídia social aumenta a frequência com que os consumidores querem falar diretamente com as marcas.

Algumas empresas querem poder dizer que têm presença na mídia social, mas temem tanto os possíveis problemas jurídicos de uma postagem não filtrada que exigem que qualquer *feed* de Twitter da empresa ou atualizações do Facebook sejam controlados. Em algumas organizações, obter aprovação jurídica para um tuíte pode levar de 12 a 36 horas. Só pode ser zoeira, não é? No momento em que o post aprovado finalmente chega ao cliente, a conversa e o relacionamento já desapareceram.

Clientes são sempre imprevisíveis, e forçar um roteiro aos representantes da marca que atendem a essa demanda é como entregar um único balde de água a um bombeiro, em vez de uma mangueira conectada a um hidrante, enquanto ele tenta salvar um prédio em chamas. Na verdade, um roteiro formal e seguro só alimenta o fogo quando os clientes percebem que as respostas obtidas não têm contexto para a situação atual. O representante de atendimento ao cliente mais dedicado do mundo não é capaz de dar alma a uma resposta predefinida dois anos ou até mesmo dois meses antes.

É necessário aprender a confiar nas pessoas contratadas para fazer esse trabalho (ou se dedicar mais para contratar pessoas em quem possa confiar). Você tem que deixar seus representantes serem eles mesmos. Não os obrigue a incorporar seus advogados, membros da diretoria ou seu departamento de relações públicas (ou, pior ainda, contratar seu departamento de relações públicas para realizar o engajamento). Caso contrário, assim que a conversa sair do roteiro, eles ficarão perdidos. Quando isso acontecer, você também perderá seu cliente.

Noventa e cinco por cento do pior engajamento de mídia social que vi foi realizado por empresas de relações públicas contratadas para gerenciar perfis, páginas ou blogs de uma marca. Por favor, parem de contratar empresas de relações públicas para fazer o gerenciamento de sua comunidade. Elas têm a função de promover: enviam comunicados de imprensa, agendam entrevistas e focam o B2B. Estão acostumadas a conversar com editores, escritores e produtores, não com o público. Não têm ideia do que acontece na linha de frente, e ficam desconfortáveis e inseguras quando tentam assumir essa posição. A única razão pela qual um departamento de relações públicas afirma ser capaz de realizar o engajamento é porque vê para onde o vento sopra, e não é em direção a ele. Empresas de relações públicas dirão qualquer coisa para não perder seu negócio. As agências de publicidade fazem um trabalho melhor, porque focam o desejo do consumidor, mas o ideal é contratar pessoas internas para esse trabalho. Selecione funcionários que conheçam bem o seu negócio, se preocupem com ele tanto quanto você e demonstrem pensamento rápido e criativo, flexibilidade e compaixão. Essas são as pessoas certas para representar a sua marca junto ao público. Caso sinta que não tem alguém assim em sua companhia, contrate uma empresa para iniciar o processo e treinar seu pessoal e, em seguida, entregue as rédeas à sua equipe.

Você acha que o cara que detém o recorde da mais longa ligação de atendimento ao cliente da Zappos — cinco horas! — estava trabalhando com um roteiro? O roteiro serve para empurrar a mensagem. Sua intenção deve ser desencadear emoções, mas não de forma manipuladora. Simplesmente converse e ouça. Converse. Ouça. Ao criar a expectativa de que você ouvirá, mais engajamento é criado, o que aumenta a viralidade, o boca a boca e a sensação de conexão com sua marca. Talvez não seja possível quantificar os efeitos da conexão (ainda), mas prometo que serão perceptíveis quando os consumidores começarem a gastar. O sentimento de conexão é o que faz as pessoas aparecerem em minhas sessões de autógrafos e a causa da minha sensação de ligação com meus fãs, mesmo que talvez nunca os conheça pessoalmente. É o que faz com que alguém que não estava pensando em doces veja um pacote de Skittles, lembre-se da troca que teve com a marca há alguns dias e coloque dois pacotes em seu carrinho.

Estratégias de imposição não são completamente ruins; elas podem ser eficazes quando usadas com moderação. Entretanto, a intenção deve ser criar uma oportunidade de atração, pois é isso que gera vínculos emocionais entre consumidores e marcas. Às vezes, se usar um pouco de imaginação e promover uma estratégia suficiente de atração, conseguirá estabelecer uma ligação realmente especial.

CAPÍTULO OITO

Choque e Admiração

E se já estiver realmente fazendo um trabalho de cuidado bom o suficiente para impressionar as pessoas? Digamos que tenha compreendido perfeitamente as regras de engajamento. Você responde a resenhas, comentários e tuítes, onde quer que os identifique, e convida as pessoas a compartilhar seus pensamentos e ideias. Está sempre à procura de oportunidades de participar ou criar conversas em torno de tópicos e nichos concernentes ao escopo geral de seu produto ou serviço, assim como aqueles que podem ser apenas tangentes a ele. Resolve os problemas das pessoas e agradece-as quando reconhecem que você fez algo certo e até quando dizem que fez algo errado. Estratégias inteligentes, ponderadas e criativas são iniciadas e têm um bom retorno em curto prazo, e isso também valerá a pena em longo prazo, porque sua intenção é fortalecer a conexão emocional que já está em curso, graças a todos os outros esforços mencionados. Por fim, você tem sido sempre autêntico, tendo atenção às suas maneiras de se expressar, falando com o coração e pensando criativamente. O que mais poderia fazer?

Muito.

Ao pedir que fenômenos compartilhem o segredo de seu sucesso, muitos dirão que foi prestar atenção aos pequenos detalhes. O atleta levantava cedo todas as manhãs para uma hora extra de treinamento; o dono do restaurante de luxo fazia com que as famílias se sentissem bem-vindas, com comida infantil de qualidade servida em pratos divertidos; o proprietário do lava a jato fornecia Wi-Fi. O que é notável sobre os pequenos detalhes é que o impacto positivo que eles têm no desempenho de uma pessoa ou em um cliente em geral supera muito o esforço ou o custo necessário para implementá-los.

Na economia da gratidão, o mesmo se aplica aos grandes feitos. A maioria das pessoas geralmente pensa que eles são iniciativas que apenas grandes empresas podem instigar, porque se presume que para realizá-los é preciso ter enormes orçamentos e coordenação. Entretanto, como já discutimos, navegar com êxito nos mares da gratidão exige que as empresas reconsiderem sua alocação de recursos, pois feitos grandiosos estão realmente ao alcance de todas elas.

O que seria um feito grandioso? O rapper 50 Cent sabe bem. O usuário do YouTube Pierce Ruane, um adolescente canadense extremamente nerd, descrito em seu perfil do YouTube como Pruane2forever, também conhecido como Sexman, postou um vídeo chamando o rapper de prostituto da mídia por promover Vitamin Water e brinquedos sexuais. Quando acrescentou: "O que mais ele vai fazer — fraldas do 50 Cent para o seu neném gangsta?", Ruane recebeu quase um milhão de acessos. Em vez de ignorar o garoto, ou até mesmo se ofender, 50 Cent o levou para Nova York e postou um novo vídeo no YouTube com os dois passando um tempo juntos, como amigos, em uma varanda com vista para Manhattan. O vídeo não é tão empolgante, mas o simples fato de existir é extraordinário. 50 Cent foi inteligente. Ele percebeu como o boca a boca espalhava a mensagem de Sexman e decidiu assumir o controle ao mostrar que ele pode ser um prostituto da mídia, mas também ter espírito esportivo. Além disso, vai ser difícil para Sexman insultar 50 Cent agora que o público o viu sorrindo como uma criança na manhã de Natal enquanto apreciava um tempo ao lado do astro do rap.

Ao mesmo tempo, 50 Cent cortou o mal pela raiz, fez um adolescente canadense e seus fãs sorrirem e se beneficiou de uma boa mídia conquistada. O público muitas vezes esquece que as celebridades são humanas também. 50 Cent teve uma publicidade negativa pelo mau comportamento, no entanto, com essa única jogada, o rapper se humanizou e provavelmente fez muita gente se sentir melhor em pensar que ele é legal.

Por que então esperar até que haja um problema? E se a Hershey's, por exemplo, escolhesse aleatoriamente algumas pessoas com quem se engaja regularmente no Facebook ou no Twitter e as convidasse, junto com seus familiares mais próximos, para uma visita com todas as despesas pagas ao Hershey Park? Os ingressos não estariam relacionados a um concurso ou a qualquer *call to action* — simplesmente seriam presentes. Talvez isso não pareça um ROI muito bom — vários milhares de dólares em passagens aéreas, atrações do parque, alimentação e despesas com hotéis, tudo para deixar um número muito pequeno de clientes satisfeitos. Mas essa é uma visão muito distorcida. A visão de longo prazo está nas oportunidades de mídia conquistada, como, por exemplo, o jornal *Philadelphia Enquirer* ficar sabendo sobre o feito da Hershey por causa de todos os blogs e tuítes que os clientes fazem quando compartilham sua empolgação. Essa visão distorcida também não leva em conta o que chamo de VCR — valor do contexto de relacionamento — da iniciativa. Algumas despesas únicas podem ser compensadas pela lealdade vitalícia das pessoas comovidas pela generosidade da empresa. Em primeiro lugar, a Hershey's forneceria aos seus clientes uma ótima história para contar. Em segundo lugar, muitos desses clientes — certamente os fãs originais que estavam online com frequência suficiente para que a empresa se engajasse com eles — vão tuitar e postar fotos e stories enquanto caminham pelo parque. Então, quando voltarem para casa, quando um amigo disser: "Mal posso esperar para levar as crianças para a Disney algum dia", esses clientes têm todos os motivos do mundo para falar: "Você já pensou no Hershey Park? É incrível!" E essa história se repete. Por fim, conforme esses clientes têm mais filhos, ou netos, é lógico que gostariam de levar essas crianças para o Hershey Park e reviver algumas boas lembranças.

É difícil para alguns executivos pensarem em mimar clientes dessa forma, pois um grande número de pessoas que conduzem empresas são vendedores, e não profissionais de marketing. Se não puderem fechar o acordo imediatamente, ver uma unidade vendida ou um aumento no lucro, ou se não acreditarem que a escala da iniciativa é poderosa o suficiente para fazer a diferença, a ação não valerá a pena. Contudo, não causamos choque e admiração porque somos santos. Embora o melhor dessa ação seja o quão importante ela pode fazer os clientes se sentirem, sem mencionar o prazer que temos de proporcionar felicidade, fazemos isso porque sempre há uma recompensa. Essa ação tem enorme valor e permite criar mais negócios por causa dos cliques, opiniões, resenhas, tuítes e atualizações de status adicionais resultantes. As vantagens desse tipo de coleta de dados devem fazer sentido para qualquer líder empresarial.

O dinheiro investido para causar choque e admiração pode ter muito mais valor do que um anúncio no Facebook ou até mesmo um salário de gerente de SEO. Grandes empresas, com seus grandes orçamentos de marketing e publicidade, podem causar um espantoso choque e admiração, é claro. Um varejista nacional de produtos eletrônicos pode usar o orçamento de US$4 milhões que normalmente gastaria em uma campanha outdoor, anúncios de rádio e comerciais de TV para contatar todos no Twitter que completarem 18 anos no dia 18 de abril. O tuíte poderia ser assim: "Agora que atingiu a maioridade, precisa de um telefone de adulto. Feliz aniversário!", e incluir um cupom de 50% de desconto em um iPhone. Esse tipo de jogada não seria fácil, mas a mídia conquistada valeria muito mais do que os US$4 milhões investidos.

O legal é que você pode trazer escalabilidade ao choque e à admiração, e ainda por cima criar uma reação mágica, química. Por exemplo: e se você fizesse uma lista dos 20 ou 30 clientes que mais apoiam sua empresa e enviasse a cada um deles uma nota de agradecimento manuscrita com uma rosa ou um outro pequeno presente? Seria uma jogada de baixo custo, mas de alto impacto. Talvez isso pareça um pouco brega, mas funciona todos os dias para pequenas empresas em todo o país. Você poderia ter feito algo semelhante em 1999 e conseguido, em troca, um aumento da fidelidade de seus clientes e até mesmo um certo boca a boca. Entretanto, a diferença entre o antes e o agora se reflete na distância muito maior que o boca a boca pode percorrer por meio de postagens de blog, tuítes, imagens no Flickr e atualizações de status. É simples: os efeitos do choque e da admiração podem ir muito mais longe nos dias de hoje.

Raramente a mídia passa semanas acompanhando e analisando incríveis anúncios de televisão ou campanhas virais de marketing por conta do orçamento investido neles. A mídia presta atenção porque há algo no conteúdo da campanha que causa impacto nas pessoas. Não é o dinheiro que faz com que esses esforços causem choque e admiração, mas o cuidado e a criatividade envolvidos. Agora, é possível obter uma fortuna com o boca a boca quando um veterinário envia um cartão de condolências a clientes cujos animais morreram, junto com um livro de poesia, desenhos do animal de estimação feitos à mão e a notícia de que uma doação em nome do animal foi feita para a Sociedade Protetora dos Animais. O mesmo pode ser dito de um dono ou funcionário de uma loja de ferramentas que faz um vídeo personalizado para cada cliente que compra um frasco de removedor químico, pergunta se o produto funcionou e oferece dicas adicionais de remoção de sujeira. E poderia haver um ganho de milhares de dólares em mídia conquistada se uma padaria enviasse um bolo de aniversário para todos seus fãs no Facebook por uma semana inteira. Claro que esse tipo de esforço exigiria muita coordenação e muitas horas de conversa com os clientes via e-mail para reunir endereços residenciais e prazos de entrega convenientes. Haveria também uma alta despesa inicial em produtos. Mas imagine as oportunidades incríveis de mídia conquistada e de VCR. Esses são exemplos de presentes simples e significativos que se somam a uma incrível experiência do cliente que pode virar assunto, falado ou escrito, e têm muito mais valor para uma marca do que teriam há cinco anos. É interessante pensar que, por mais incríveis e inviáveis que essas ideias possam parecer, um dia elas serão tão comuns quanto o frete grátis é para nós hoje.

Não Há Tempo Melhor do que o Presente

Caso seja aficionado por jogos ou uma pessoa ativa nas redes sociais, você pode estar tão cheio de presentes virtuais no momento que o efeito deles já está perdendo certo impacto. Lembra quando, há três anos, seus amigos no Facebook começaram a enviá-los? Você recebia aquela pequena caixa de presente virtual com um laço e sorria; isso significava que alguém tinha pensado em você e aproveitado o tempo para lhe enviar algo e deixá-lo feliz. As empresas deveriam tentar recriar esse sentimento com seus clientes todos os dias, especialmente agora que os descontos e a promessa de frete grátis são tão normais que dificilmente fazem a diferença na maioria da decisão de compra dos consumidores.

O impacto reduzido do presente virtual, que acredito que só vai piorar nos próximos cinco anos, suscita uma boa pergunta: o que acontecerá quando as pessoas começarem a receber 50 mensagens de texto em seus aniversários de todas as marcas ou empresas com as quais já interagiram? Não creio que isso aconteça, pois acho que apenas uma porcentagem muito pequena de empresas aplicará o choque e a admiração de forma regular. Entretanto, digamos que eu esteja errado, e muitas empresas percebam que podem se beneficiar muito mais com um único ato de choque e admiração do que com dez outdoors. Talvez 2% de todas as empresas possam tentar nos próximos cinco anos. Assim que virem os resultados, outra onda de empresas pode seguir o exemplo, mas provavelmente levaria cerca de dez anos até que mais da metade de todas as companhias nos EUA realmente implementasse ações de choque e admiração. Se isso acontecer, será o momento de readaptação das empresas que estavam nesse processo com seus clientes todo esse tempo. De acordo com o relatório estatístico da MailerMailer divulgado em julho de 2010, as pessoas abriram seus e-mails 20% menos em 2009 do que em 2007, para uma taxa total de abertura de cerca de 11%. Naturalmente, essa realidade levou as empresas a mudarem o modo como usam o e-mail para alcançar seus clientes. Elas também mudaram sua abordagem para anúncios de banner, porque as pessoas não clicam neles da mesma forma que faziam quando apareciam pela primeira vez em suas telas de computador por volta de 1994. Naquela época, os anúncios de banner tinham uma taxa de cliques de até 78%; atualmente estima-se que seja de cerca de 0,8%. As empresas investem em tecnologia e, então, ajustam o tempo todo a maneira como a usam. Por que não fazer o mesmo com as mídias sociais?

Muitas pessoas se divertem ao registrar suas opiniões clicando nos botões "Curtir/Não curtir" que encontram nas páginas de muitas marcas no Facebook, mas o entusiasmo delas não vai durar para sempre. Só porque uma iniciativa funciona hoje e pode não funcionar amanhã, não é motivo para ignorar as oportunidades que ela tem a oferecer na interação com os clientes agora. Todos os dados coletados ajudam a delinear as necessidades, os desejos e os interesses de seus clientes. Embora seja necessário redirecionar seus esforços quando a iniciativa deixa de funcionar tão bem quanto agora, o empenho para se conectar emocionalmente com seus clientes deve permanecer o mesmo de sempre — 110%.

PARTE III

A Economia da Gratidão em Ação

CAPÍTULO NOVE

Avaya: Siga o Fluxo

Quando as pessoas pensam em algo "atraente", softwares de mensagem de voz, telefones e roteadores não são a primeira coisa que vêm à cabeça. Funcionais, efetivos e, de preferência, discretos, sistemas de comunicação são a base das empresas para que elas possam atuar de maneira confiante. Conhecida por desenvolver aplicativos, sistemas e serviços de comunicação de alto desempenho, a Avaya vende alguns produtos práticos, mas nem um pouco atraentes. Ainda assim, ela prova que uma empresa B2B pode usar as redes sociais com o mesmo sucesso que uma empresa descolada de estilo de vida ou varejo.

A Economia da Gratidão em Ação

O grande objetivo da Avaya no Twitter tem sido acompanhar questões técnicas de seus clientes e evitar que uma reclamação surja. No início, as interações não passavam de mil por semana (respostas, comentários etc.) Atualmente, a equipe de mídias sociais é responsável por quase 4 mil. A Avaya também desenvolveu um produto que alerta o departamento de atendimento ao consumidor quando há tuítes de insatisfação. A empresa estima que, ao adotar esse método, evitou a perda de aproximadamente 50 clientes a um custo médio de venda para substituí-los de aproximadamente US$10 mil.

Certo dia, devido a um tuíte, Paul Dunay, diretor global de serviços e marketing social da Avaya, recebeu a chance de provar que compensava, e muito, prestar atenção no que os consumidores falam nas redes sociais. Como todos os tuítes, aquele que mudou o jogo da Avaya era curto e simples: "Shoretel ou Avaya, preciso de um sistema telefônico em breve." Dunay respondeu quase imediatamente: "Temos técnicos altamente qualificados que podem ajudá-lo a entender melhor suas necessidades e a tomar uma decisão objetiva. Entre em contato comigo." Treze dias depois, a Avaya fez uma venda de US$250 mil ao usuário indeciso, que então tuitou: "Escolhemos a AVAYA para nosso novo sistema telefônico. Satisfeito com a tecnologia e os benefícios."*

O Acerto da Avaya

A EMPRESA SE FEZ PRESENTE. A venda de US$250 mil poderia não ter acontecido se a Avaya não estivesse presente no Twitter. Qualquer especialista em redes ou em vendas dirá que, se você quer fechar um acordo, o primeiro passo é estar presente. É comum fazer conexões durante happy hours ou cafés da manhã, mas também é possível fazê-las online. Ao marcar presença onde poucos — talvez ninguém

---

* Para mais detalhes sobre os esforços da Avaya nas redes sociais e sobre essa história, leia o artigo de Casey Hibbard intitulado "It Pays to Listen". http://www.socialmediaexaminer.com/it-pays-to-listen-avayas–250k-twitter-sale/

— de seu ramo estavam, a Avaya saiu vitoriosa. A empresa estava alerta, mostrou que se importava e fechou o acordo em 13 dias.

Muitas empresas B2B ainda evitam as redes sociais porque não acreditam que seus clientes estão ali. Mais de 60% dos norte-americanos usam redes sociais (e, quando estiver lendo isto, o número já terá aumentado); grande parte desses usuários certamente toma decisões B2B. No momento, parece óbvio que qualquer pessoa com idade suficiente para usar um computador deveria ser considerada usuária de redes sociais.

A Avaya se fez presente primeiro. As empresas que usam as redes sociais com sucesso antes de seus concorrentes não ganham apenas mídia e participação no mercado (por exemplo, o Burger King estima que recuperou US$400 mil em mídia conquistada a partir de um investimento menor do que US$50 mil no BK Whopper Sacrifice, uma campanha de recomendação a amigos no Facebook), mas também no *brand equity*. Elas são reconhecidas por sua visão e inovação, por serem inteligentes e entenderem de tecnologia. Tais qualidades podem levar uma pessoa em busca de oportunidades B2B a acreditar que trabalhar com esse tipo de empresa que tem visão de futuro é uma possibilidade vantajosa. O esforço da Avaya em proporcionar um excelente serviço de atendimento ao cliente foi recompensado por dois anos consecutivos com o prêmio J.D. Power na categoria excelência em serviço de atendimento ao cliente e também a entrada no Hall da Fama da Technology Services Industry Associations STAR Awards. As duas homenagens têm muita influência no setor do qual a Avaya faz parte.

A Avaya lembrou que por trás de qualquer transação B2B há um C. O C em um negócio B2B — geralmente um gerente, representante de compras ou comprador — busca o mesmo que qualquer outro cliente em suas decisões de compra: produtos e serviços de excelente qualidade, bem como a garantia de que a empresa leve em consideração as necessidades comerciais do comprador. Quando pensam em experimentar uma nova marca, os compradores geralmente consultam amigos e colegas em quem confiam. Antes, faziam algumas ligações ou mandavam alguns e-mails. Talvez questionavam seus amigos durante um jogo de futebol ou na academia. Hoje, no entanto, pode-se obter feedback e conselhos de forma mais rápida e em maior número ao simplesmente postar suas dúvidas no Facebook ou no Twitter. Cada vez mais, as pessoas que tomam decisões B2B, ou qualquer tipo de decisão, usam essas plataformas para conseguir os conselhos e feedbacks que precisam. Por exemplo, o departamento de redes sociais percebeu uma oportunidade de fornecer apoio a um cliente frustrado, que ficou tão impressionado com o serviço que se tornou defensor fiel da marca. Para agradecê-lo, a Avaya decidiu enviar a ele um brinde. Quando entrou em contato com esse cliente para saber seu endereço, a empresa descobriu que ele era o diretor de tecnologia de um grande banco de investimento em Nova York. Cada interação é importante. Cada relacionamento tem valor.

CAPÍTULO DEZ

AJ Bombers: Como Se Comunicar com a Comunidade

Ao visitar o site da hamburgueria AJ Bombers, é possível identificar uma longa lista de tuítes ao lado direito da página. Há muitas pessoas falando sobre hambúrgueres, sendo o Caesar um dos mais populares. As pessoas querem saber como conseguir um cartão fidelidade. Tem até assuntos a respeito de quem prefere barbeador elétrico em vez de lâminas de barbear. A conversa entre os fãs da AJ Bombers parece não ter fim, talvez porque o estabelecimento, fundado em Milwaukee em 2009 por Joe e Angie Sorge, tem como prioridade manter o diálogo aberto com seus clientes.

Joe, o homem por trás da AJ Bombers, tenta sempre fazer com que as pessoas falem sobre sua hamburgueria. Primeiro, ele e sua esposa abriram um restaurante, elogiado pelos críticos por conta da comida e do ambiente, em um local com aquelas portas giratórias que todo mundo detesta e onde geralmente se destrói todo glamour de um chef de cozinha. Eles alcançaram sucesso mantendo seus preços estáveis

— US$4,50 por um cheeseburguer simples, com alface e tomate, e US$7,50 pelo Bomber, que é a mesma coisa, mas também vem com cogumelo recheado e empanado. Eles têm um sistema para servir o cliente bem criativo: os garçons colocam amendoins em pequenos bombardeiros coloridos, que estão conectados a um trilho no teto do restaurante, e os deslizam até a mesa do cliente, onde "lançam" sua carga em uma cesta. A AJ Bombers entende que a melhor maneira de atrair clientes que se importam de verdade com o negócio é permitir que façam parte de seu planejamento.

Os fregueses opinam em quase todos os aspectos da marca. Ajudam na elaboração do cardápio, do preço e do horário de funcionamento, além de sugerirem promoções, e até ajudam em eventos de caridade. Como Joe teve coragem de permitir que clientes participassem tanto do seu negócio? Por dois motivos. O primeiro é que esse tipo de relação próxima entre ele e os clientes torna a vida mais divertida. O segundo é que, na economia da gratidão, esse tipo de atitude compensa. E muito.

Joe sempre priorizou conhecer seus clientes. **A ideia de criar um ambiente acolhedor é óbvia, mas na AJ Bombers os clientes online recebem a mesma atenção que aqueles sentados à mesa no restaurante.**

A última frase do parágrafo anterior está em negrito porque é importante. Estou convencido de que a maior incoerência dos empreendedores está na diferença de tratamento entre clientes presenciais e clientes online. Não pode haver diferença. Clientes fiéis ou em potencial pensam em vários fatores antes de decidir se querem seu produto ou não. Eles questionam o benefício do produto, sua utilidade, como ele pode tornar a vida ou o trabalho mais fácil ou como pode afetar seus relacionamentos ou sua família. Esses questionamentos existem mesmo que o cliente não interaja cara a cara com você.

Por outro lado, muitas empresas de tecnologia cometem o erro oposto ao esquecer de falar com seus clientes no "mundo real". Empresas como Groupon ou Microsoft parecem entidades intangíveis e inalcançáveis, mas têm consumidores reais e deveriam tentar entrar em contato com eles de vez em quando. Elas precisam encontrar maneiras de unir seus clientes, por exemplo, ao fazer eventos para celebrar datas importantes ou talvez abrir uma discussão a respeito de problemas por meio de uma chamada de vídeo coletiva. Poderiam até mesmo atender ao telefone vez ou outra e falar diretamente com o cliente, só para dizer "oi" e se assegurar de que estão fazendo o melhor para proporcionar uma boa experiência.

O tipo de empresa que emergirá nos próximos dois a três anos é aquela que entende como se conectar genuinamente com seus clientes, online e offline, e isso vai fazer com que fiquem um passo à frente da concorrência.

Desde o início, Joe usou as redes sociais para criar laços com pessoas que amam comer hambúrguer em Milwaukee, investigando o que gostam ou não e perguntando como as necessidades delas poderiam ser atendidas. Ele presta atenção às resenhas publicadas no Yelp,[*] agradecendo os elogios e se desculpando pelas reclamações, convidando os clientes insatisfeitos a retornarem ao restaurante, por conta da casa, para experimentar outra opção do cardápio.[**] Muitas vezes, esse convite é feito mais de uma vez, até que o cliente esteja verdadeiramente satisfeito com sua refeição. Em alguns casos, os clientes insatisfeitos que tentaram enganar Joe apenas para ganhar comida de graça se tornaram fregueses fiéis da AJ Bombers e avisam com antecedência quando têm planos de ir ao restaurante.

---

[*] Se você está no ramo de restaurantes e não se preocupa com a sua estratégia no Yelp, por favor, coloque seu estabelecimento à venda enquanto ele ainda vale alguma coisa.

[**] É um método perfeito e simples, e não costuma falhar.

Essa resposta às críticas negativas reflete como Joe se distancia do pensamento empresarial tradicional. Em sua opinião, problemas e equívocos não devem ser disfarçados, pois são, na verdade, uma grande oportunidade de melhorar o serviço e criar laços com os clientes. Quando, em uma sexta-feira, a grelha quebrou e não tinha como ser consertada a tempo para a hora do almoço, ele fez uma *live* pelo Ustream.com na porta da frente do restaurante para que todos soubessem do problema e ficassem cientes de que estavam tentando solucionar a questão. Então, Joe distribuiu cerveja e amendoim de graça. Até hoje, ele encontra pessoas que dizem que foi esse vídeo que as motiva a ir ao AJ Bombers sempre que têm vontade de comer um hambúrguer.

Esse tipo de diálogo funcionou muito bem para Joe e Angie. Durante os seis primeiros meses da AJ Bombers, o faturamento do restaurante estagnou. Nesse setor, em que 60% dos estabelecimentos recém-abertos fecham no primeiro ano, isso não chega a ser ruim. Mas como alavancar de vez os lucros?

De Olho na Tecnologia

Joe sempre dialogou com seus fãs pelo Twitter, enviando centenas de mensagens por dia. Ele se empenhou em reunir seus clientes para que compartilhassem a experiência que tiveram na AJ Bombers. Começou a realizar eventos de sucesso, como o Holiday Tweetup, um dia de cerveja e comida de graça no restaurante em parceria com outros negócios locais que oferecem seus serviços de graça também. Enquanto buscava mais alternativas para engajar seus clientes, Joe viu uma oportunidade nas pessoas que o seguiam no Twitter. Muitos começavam a usar o Foursquare, uma plataforma geossocial que permite que as pessoas ganhem "badges" [insígnias] ao fazer check-in em seus locais favoritos e ao compartilhar sua rotina com outras pessoas.

Então:

- Ele começou a incentivar os usuários do Foursquare a visitarem o restaurante: amendoim de graça se você fizesse check-in e um hambúrguer grátis para qualquer um que frequentasse o AJ Bombers o suficiente para ganhar o título de "prefeito" do local. Isso fez com que as pessoas voltassem ao restaurante com frequência.

- Joe lançou uma página de dicas para que os clientes pudessem sugerir os melhores hambúrgueres, como conseguir as melhores ofertas e qualquer outra opinião que tivessem vontade de compartilhar. O incentivo? Um cookie de graça.

- O primeiro dos muitos eventos especiais criados por Joe foi dar a oportunidade de os usuários do Foursquare ganharem a tão valorizada Swarm Badge — insígnia desbloqueada quando mais de 50 pessoas fazem check-in no mesmo local — ao convidá-los para uma angariação de fundos em um domingo à tarde. Um total de 161 usuários do Foursquare apareceram na AJ Bombers, se divertiram, postaram vídeos e tuitaram sobre o evento, o que dobrou as vendas que o restaurante costumava ter aos domingos.

Joe dialogou com seus clientes, construiu uma comunidade e, em maio de 2010, comprovou como os esforços na economia da gratidão são recompensados. A Sobelman's, outra hamburgueria local conhecida, entrou em contato com Joe e perguntou se tinha interesse em fazer uma parceria para convencer o programa *Food Wars*, do canal Travel Channel, a visitar Milwaukee e gravar uma Batalha de

Hambúrgueres entre eles. Sem problema. Joe pediu que seus clientes bombardeassem o e-mail, Facebook e Twitter do *Food Wars* até que o canal responsável concordasse em mandar uma equipe para filmar a batalha. Não há dúvidas da enorme vantagem que é ter o seu restaurante exibido em rede nacional em um programa cuja audiência é de apreciadores de comida.

Apenas sete meses depois de perceber que dar atenção suficiente para suscitar diálogo, sugestões e feedback de clientes faz com que eles sintam que pertencem ao negócio, a AJ Bombers dobrou — eu disse dobrou! — sua receita.

O Acerto da AJ Bombers

O restaurante fala a língua de seus clientes. Se Joe e Angie tivessem aberto o local dez anos atrás, ainda assim teriam tido sucesso. Eles têm instinto, determinação e coragem, sem dúvida. Mas levariam anos até que construíssem o tipo de comunidade solidária que têm agora, e custaria muito mais caro também. Poderiam ter dado uma festa, gastado muito dinheiro com convites e cupons, e conseguido apenas 20 clientes novos e talvez atingido 100 ou 200 pessoas por meio do boca a boca. Hoje eles atraem mais de 100 clientes ao restaurante e alcançam outras centenas que não estão nas proximidades, mas que gostariam de estar. O que a história de sucesso da AJ Bombers mostra é que, se você conhece seus clientes bem o suficiente e fala a mesma língua que eles, o boca a boca pode lhe trazer grandes oportunidades de crescimento.

A AJ Bombers não tem medo de inovar. Ela ignorou o marketing tradicional como mala direta e anúncios de jornal — estratégias básicas nas quais a maioria dos negócios se apoiam — em prol de uma plataforma que só foi disponibilizada em Milwaukee em outubro de 2009. Na época do evento da Swarm Badge só havia de 300 a 400 usuários do Foursquare vivendo nas redondezas; a AJ Bombers conseguiu atrair um quarto dessas pessoas e, em um único dia, aumentou seus lucros em 110%. Qualquer diretor de marketing teria achado que o Foursquare não tinha potencial de mercado o suficiente para investir nessa ideia. Ainda assim, em uma região como Milwaukee, que é pequena se comparada a Nova York ou Los Angeles, pouco é muito. É o momento de focar os primeiros usuários de tecnologias pioneiras, enxergá-los, talvez, como consumidores valiosos, porque, se for possível tê-los ao seu lado, eles podem fazer muito por você. Quanto maior a sua dedicação, maiores são as chances de eles o recompensarem com mídia conquistada nos meios de comunicação, aumentando a sua visibilidade.

A AJ Bombers recompensa as pessoas certas. O que é mais interessante é como a empresa retribui seus clientes por sua atenção. Ela poderia ter feito uma propaganda em um outdoor, criado uma campanha de rádio ou um comercial para tentar aumentar sua base de clientes. Quem teria lucrado com isso? As plataformas de propaganda, é claro — a empresa de outdoor, a estação de rádio, as redes de TV. Quem lucra com a forma que a AJ Bombers faz seu marketing? O cliente, que dá uma chance ao restaurante. Essa é uma estratégia clássica da economia da gratidão. Quando a AJ Bombers dá uma festa e oferece hambúrguer e cerveja de graça, investe em seus clientes o dinheiro que teria gastado com uma empresa de marketing. É uma maneira completamente nova de planejar como usar seu orçamento de marketing. Na verdade, é bem simples. Quer dizer, de verdade, com quem você preferiria gastar seu dinheiro: com um intermediário ou com as pessoas para as quais seu estabelecimento presta serviço? Os clientes ficam muito mais felizes quando o dinheiro é investido neles em vez de em uma propaganda de rádio. E esse investimento tem um custo bem menor. Por enquanto, essas plataformas ainda não são maduras o suficiente para afetar a margem de lucro tanto quanto as plataformas tradicionais. É aí que está a oportunidade. Em vez de grandes empresas de marketing ficarem com 40% do lucro, a nova plataforma — Gowalla, Foursquare ou qualquer outra que esteja em alta — ganhará 5% de lucro, talvez 10%. Esses números são baseados no contexto atual, mas tenho certeza de que podem se tornar mais atrativos ainda ao se considerar o ROI da equipe contratada para se dedicar aos seus clientes. Chegará o dia em que as empresas estarão repletas de pessoas apaixonadas por suas marcas, que se importam com quem interage com elas, com clientes dispostos a compartilhar sua experiência.

Sendo assim, toda empresa pode convidar seus clientes para a festa. Não importa como, seja com uma confraternização com música e comida ou por meio de uma *live* no Ustream, é necessário proporcionar uma ótima experiência aos seus clientes para que digam: "Caramba, nunca ninguém se importou dessa forma comigo." Há a opção de gastar US$3 mil, US$5 mil ou US$10 mil em uma campanha que pode ou não alcançar o seu público-alvo, ou pode-se investir o dinheiro em um evento (que combine os dois objetivos: interagir com seu cliente e proporcionar uma experiência positiva) ou em uma campanha que não só deixará as pessoas felizes, como também influenciará a visibilidade do seu negócio nas redes sociais. Analisando por essa perspectiva, qual investimento parece mais arriscado?

O Custo da Gratuidade

Você deve estar se perguntando como a AJ Bombers lucra ao oferecer produtos de graça. Joe respondeu essa questão em uma entrevista na

Forrester Research: "O restaurante se tornou um local dos clientes, eles SÃO a empresa." A AJ Bombers cria oportunidades constantes para que seus clientes se importem, afinal, as pessoas gastam dinheiro em locais com os quais se importam. Por exemplo, a abundância de informação compartilhada pelos clientes na página de dicas fez com que o "The Barrie Burger", um dos itens mais populares de uma das filiais, tivesse aumento de 30% nas vendas. O produto foi criado por uma cliente chamada Kate Barrie e tem como ingredientes uma mistura inusitada de bacon, queijo e manteiga de amendoim. Um hambúrguer de manteiga de amendoim. Não é de se espantar que alguns hesitem em pedi-lo. Mas os comentários positivos daqueles que experimentaram o hambúrguer fizeram com que outros clientes decidissem arriscar, gostassem e voltassem para repetir.

Oferecer coisas de graça é uma tática conhecida e usada em muitos setores para atrair clientes, mas o Foursquare permitiu que a AJ Bombers prolongasse-a indefinidamente. Se você não é do tipo que usa Foursquare, pode ser que não entenda o que as "badges" ou o título de prefeito querem dizer. Mas isso não faz diferença, não é mesmo? O importante é que o restaurante entendeu. E já que qualquer um pode usurpar o título de prefeito, é preciso comprometimento para manter a posição. O que poderia ser um acontecimento único se transforma em uma competição divertida, lucrativa e sustentável, um teste de lealdade, um sinal de que se está por dentro do que acontece.

Pode parecer estranho, mas jogos online também estão se tornando parte da identidade de muitos usuários da internet. Quando mães gastam dinheiro de verdade para comprar vacas virtuais no Farmville, você percebe que esse tipo de jogo atingiu um ponto crucial. Mais de 200 milhões de pessoas participam de jogos online e gratuitos no Facebook. A Target, loja de varejos norte-americana, vende cartões pré-pagos para serem usados no Facebook. A 7–Eleven, outra loja do mesmo ramo, fez uma parceria promocional com a Zynga, desenvolvedora de jogos como Farmville e Mafia Wars. Mais uma vez, você pode não ver graça nesses jogos, mas muitos consumidores gostam. Siga o fluxo.

Acho que todo restaurante deveria dar comida de graça toda vez que recebe uma reclamação ou avaliação negativa no Yelp? Não. Há pessoas que tentarão comer de graça o ano todo, se aproveitando desse fenômeno social. É preciso estabelecer um limite, é claro. Pode ser difícil perceber a intenção por trás de uma reclamação — a insatisfação é legítima ou a pessoa só quer se beneficiar?

O que você pode fazer, no entanto, é acompanhar as métricas de clientes que fazem comentários negativos a respeito do seu negócio. Se um cliente posta no Yelp que teve uma experiência péssima no seu restaurante, o gerente pode responder apropriadamente e identificá-lo em um sistema como o Open Table, que monitora reservas online e emite um relatório a cada seis meses para que se verifique se o cliente voltou e quanto gastou.

Como Escalonar o Atendimento Personalizado

A AJ Bombers tem apenas um restaurante, mas esse tipo de estratégia de atendimento ao consumidor não está restrita apenas aos pequenos negócios locais. A Starbucks escalonou essa estratégia em nível nacional, assim como o McDonald's, o Einstein Bagels e o KFC. A economia da gratidão funciona quando se constrói um senso de comunidade em volta de sua marca, e não quando você apenas tenta vendê-la.

CAPÍTULO ONZE

Joie de Vivre: O Cuidado com Pequenos e Grandes Detalhes

O nome Joie de Vivre, a maior rede de hotéis da Califórnia, já diz tudo. Chip Conley, fundador e diretor-executivo, poderia ter dado seu nome à empresa (Hotéis Conley parece imponente) ou tê-la chamado de Eddy Street, endereço de seu primeiro hotel próximo ao bairro Tenderloin, em São Francisco. Poderia ter escolhido um nome que fizesse jus às raízes californianas da empresa. Em vez disso, optou por um nome estrangeiro e difícil de pronunciar. Ainda assim, é perfeito. Proporcionar "alegria de viver" aos seus clientes é exatamente o que a empresa de Conley tenta fazer todos os dias. Pode-se pensar que é o que se espera de qualquer um do setor hoteleiro. No entanto, quando uma pessoa se hospeda em um hotel Joie de Vivre, ela percebe que faltava alguma coisa em todos os outros lugares nos quais já se hospedou. A empresa se esforça ao máximo na arte da customização, algo que as pessoas vivenciam a partir do momento em que começam a procurar por uma opção de estadia.

Choque e Admiração Personalizados

Quando os hóspedes chegam, eles são recepcionados por um funcionário que tem seu perfil exibido em um cartão — uma breve descrição de quem está trabalhando na recepção naquele dia e dicas do que os turistas devem evitar para não perder tempo. Sem dúvida é uma ótima forma de começar uma conversa e de mostrar como será a estadia daquela pessoa no hotel, sugerindo algo como: "Amamos o lugar em que vivemos e queremos que você também goste."

A partir daí, é possível imaginar as surpresas agradáveis que um hóspede pode desfrutar. O hotel coleta o máximo de informação possível sobre cada hóspede que faz uma reserva e a empresa não só encoraja, mas também desafia seus funcionários a usarem essa informação para proporcionar uma experiência memorável aos clientes por meio de uma iniciativa chamada programa DreamMaker [Realizador de Sonhos, em tradução livre]. Muitos funcionários fazem pequenas gentilezas, como mandar preparar um bolo para um hóspede que faz aniversário, ou receber um casal em lua de mel com um buquê de flores e uma garrafa de champanhe. Os funcionários votam no melhor DreamMaker do mês e aqueles que ganham o cobiçado título são os que encontram uma maneira de proporcionar a melhor experiência aos hóspedes. Jennifer Kemper, gerente de reservas do Hotel Durant em Berkley, por exemplo, compartilhou uma história sobre como o amor de uma mãe a inspirou a criar uma cesta de boas-vindas mais do que especial:

Conheci a Sra. Z em meados de setembro. Ela pediu para falar com um gerente porque queria estender sua estadia e não havia data disponível. Ela me contou que ultimamente ficava em outros hotéis, mas o Durant foi o único que a fez se sentir em casa. Percebi que seus olhos lacrimejaram e perguntei se ela estava bem. Foi então que me contou o motivo pelo qual precisava ficar hospedada por tanto tempo e com tanta frequência. Seu filho de 20 anos estava morrendo de câncer e mesmo assim tentava continuar seus estudos na Universidade da Califórnia em Berkeley. Ela vinha para ajudá-lo durante suas sessões de quimioterapia. Por também ser mãe de um menino, senti tremenda empatia e meus olhos lacrimejaram também. Toquei sua mão e disse que me asseguraria de que tivesse uma estadia confortável.

Alguns dias se passaram e eu pensava naquela mãe em sofrimento. Decidi que ela era a candidata perfeita para o DreamMaker. Então fui até a Telegraph Avenue, em Berkeley, e descobri uma peculiar loja de ervas e chás. Lá encontrei uma caneca de libélula com um filtro embutido e comprei junto com uma lata de chá de camomila fresca com lindas flores secas. Para dar o toque final, comprei também três girassóis para alegrar seu quarto. Escrevi um cartão que dizia: "Para uma mãe amorosa que merece relaxar. Sua família está em nossos pensamentos e orações." No dia seguinte, ela veio até mim para me agradecer, e mais uma vez nossos olhos se encheram de lágrimas. Ela disse que contou para toda a sua família sobre esse gesto especial, que comoveu nós duas. A Sra. Z se hospedou conosco até que seu filho se formasse na Universidade da Califórnia.

Realizar sonhos também pode ser divertido. No Shorebreal em Huntington Beach, TJ Ransom, um recepcionista, conversou com uma noiva que faria sua festa de despedida de solteira no hotel. Como morava na região, ele conhecia todos os donos de bares e restaurantes. Quando as hóspedes fizeram check-in, foram surpreendidas com uma espécie de caça ao tesouro, que as levou aos cinco bares mais populares da cidade, onde foram recebidas com tratamento VIP, rodadas de drinques e um jogo para a despedida de solteira da amiga. Ao retornarem para o hotel, encontraram seu quarto decorado com as cores escolhidas para o casamento, bandejas de morango cobertos com chocolate e tábua de queijos.

O Boca a Boca Funciona

Consegue imaginar quantas vezes a Sra. Z e sua família falaram a respeito do cuidado que Jennifer teve com ela? Quantos tuítes, fotografias e vídeos no Twitter, Facebook ou Tumblr você acha que a noiva e suas amigas publicaram durante a noite incrível que tiveram como uma cortesia de TJ? E se uma das amigas da noiva conhecesse alguém que trabalhasse para a ABC News e tivesse um amigo em busca de uma matéria para uma reportagem especial na TV? Quantas postagens a respeito de atos aleatórios de bondade ou rituais pré-casamento mencionando os hotéis você acha que foram escritos? Quantas vezes essas postagens foram compartilhadas e circularam na comunidade online dessas pessoas? Aposto que essas histórias ganharam muita atenção e serão lembradas na próxima vez que alguém precisar visitar a Califórnia. O que esses funcionários fizeram para trazer alegria a seus clientes seria apreciado e significativo em qualquer contexto, mas o impacto de suas ações teve um alcance e uma consequência muito maior por causa da economia da gratidão.

O atendimento ao cliente diferenciado e o toque pessoal que a Joie de Vivre demonstra de maneira tão excepcional em seus hotéis também se estende para o ambiente online. A Joie de Vivre desenvolveu o Yvette, o primeiro serviço online de compatibilidade do setor, para ajudar possíveis hóspedes a decidirem qual dos diversos hotéis proporcionará a mais satisfatória "afinidade renovada", como Conley a descreve. Cada um dos 34 hotéis da rede tem uma personalidade distinta, e, com base nas respostas de cinco perguntas, o Yvette pode recomendar aquele que reflete melhor a própria personalidade do hóspede. O Galleria Park pode ser a indicação para alguém mais urbano, enquanto uma pessoa mais caseira pode apreciar a estadia no White Swan Inn, um hotel estilo pousada. Há opções para todos os gostos. Além da lista de sugestões, o Yvette também apresenta, junto com fotos, alguns moradores locais que dão dicas a respeito do que fazer e quais lugares visitar, muito útil para aqueles hóspedes que buscam uma verdadeira experiência fora da rota turística. Chip Conley é um deles. Isso mesmo — o fundador da empresa quer lhe mostrar a cidade. Bem interessante.

Ann Nadeau, diretora de marketing da Joie de Vivre, tem uma resposta engraçada para aqueles que perguntam a porcentagem de orçamento destinada à criação do boca a boca: "Como posso dizer MUITO em percentual? Nosso orçamento de marketing é tão pequeno que dependemos de um boquinha a boquinha." Proporcionar uma experiência excepcional ao cliente nos hotéis e em seu site é uma forma de fazer com que as pessoas falem, mas o esforço de engajar com os clientes nos bastidores é igualmente impressionante.

Na sede da empresa, há uma equipe de mídia social formada por quatro pessoas dedicadas a fortalecer a marca. Junto com o gerente-geral de cada hotel, elas se engajam e respondem comentários de clientes no Yelp, Twitter, Facebook, Foursquare, Yahoo Travel e outras redes sociais. Além disso, coordenam esforços com os responsáveis pelas mídias sociais de cada hotel, encarregados de fazer postagens diárias no Twitter e no Facebook. Os responsáveis também participam de "encontros de mídias sociais" na empresa toda, nos quais podem compartilhar as melhores práticas e ideias entre eles para que cada hotel maximize o alcance personalizado dos hóspedes.

Para acompanhar seus esforços nas mídias sociais, a empresa recorre a atualizações diárias e a um sistema de desempenho da Revinate, feito especialmente para hotéis, que monitora e gerencia resenhas online e mídias sociais. A Joie de Vivre também dá muita atenção às resenhas e classificações de clientes no TripAdvisor. Não é de se surpreender que, desde o primeiro trimestre de 2010, dois terços de seus hotéis estão entre os dez melhores do TripAdvisor em sua região.

A empresa oferece aulas de mídias sociais para todos os funcionários interessados por meio de seu programa interno de desenvolvimento chamado JdV University. Apresentações sobre mídias sociais são comuns nas reuniões de gerentes-gerais.

A Joie de Vivre, assim como outras empresas já mencionadas neste livro, investiu muito e conseguiu usar as mídias sociais de maneira positiva, o que a ajudou a resistir à crise econômica que devastou grande parte do setor hoteleiro. No verão de 2009, a empresa começou a promover ofertas exclusivas todas as terças-feiras para seguidores do Twitter e às sextas-feiras para fãs do Facebook. Assim que a Promoção de Terça no Twitter e a Promoção de Sexta no Facebook foram lançadas, a Joie de Vivre realizou mais de cem reservas que, do contrário, não teriam acontecido. Com muito pouco investimento, a estratégia continua a proporcionar um fluxo constante de receita que melhora os lucros da empresa.

O Acerto da Joie de Vivre

A MENSAGEM VEM DO TOPO. Definir o tom e estabelecer uma base cultural de empatia e excelência são essenciais para ter sucesso na economia da gratidão. A mensagem de que o engajamento personalizado e o serviço de atendimento ao cliente são uma prioridade tem que vir do topo da empresa. Chip Conley oferece aos seus funcionários diversas oportunidades de treinamento, além da liberdade de pensar de maneira criativa e com sentimento, e demonstra e reforça continuamente seu comprometimento em proporcionar uma experiência personalizada ao máximo possível de hóspedes.

A INTENÇÃO VEM DO LUGAR CERTO. A empresa parece se esforçar muito para equilibrar sua intenção de negócios — aumentar seus lucros — com uma intenção verdadeira — proporcionar uma experiência memorável, customizada e única aos seus hóspedes. Por exemplo, qualquer funcionário pode selecionar um hóspede para se candidatar ao programa DreamMaker, mas eles são encorajados a visar clientes mais fiéis ou com maior potencial de boca a boca.

CONTRATAÇÕES BASEADAS EM DNA CULTURAL COMPATÍVEL. Proporcionar essas experiências positivas que geram boca a boca com frequência só é possível quando a empresa se beneficia de fontes ricas em criatividade, cuidado e empatia. É por isso que qualquer líder ou gerente determinado a fazer um excelente serviço de atendimento ao consumidor tem que se assegurar de que seus funcionários compartilham do mesmo DNA e acreditam fielmente na missão da empresa. Do contrário, devem ser substituídos assim que a oportunidade surgir. A diferença entre o desempenho de uma empresa com pessoas que realmente se importam e uma em que pessoas se importam apenas porque são pagas pra isso é a mesma entre Bruce Springsteen e Milli Vanilli.

TÁTICAS DE "ATRAÇÃO". Uma estratégia que foca o cuidado geralmente supera qualquer tática, mas, quando são usadas de maneira correta, as táticas também podem ajudar uma marca a alcançar o sucesso. A Joie de Vivre faz isso de forma específica e genial. A intenção da maioria das táticas e das campanhas publicitárias é entreter, informar ou surpreender o consumidor o suficiente para que preste atenção. No geral, as táticas da Joie de Vivre são feitas para que o consumidor se lembre da razão pela qual deve se importar com a marca e ampliar seus sentimentos positivos em relação a ela. As táticas individuais que de fato se orientam ao negócio beneficiam as pessoas que já expressaram publicamente uma afinidade pela marca. Muitas também focam as pessoas que trabalham para a empresa, para que pensem com razão, mas também com emoção. Trabalhar para a Joie de Vivre é ser desafiado diariamente a ser o melhor ser humano possível.

Sou um grande fã dos hotéis Joie de Vivre, mas em meados de setembro de 2010 percebi que a empresa forçou um pouco além do limite. Na verdade, por três dias seguidos no início de setembro, ela tuitou apenas quatro vezes. Em cada tuíte, empurrou ofertas em vez de tentar estabelecer diálogo com seus seguidores. Geralmente a empresa é tão boa em se conectar emocionalmente com os clientes; espero que futuramente vejamos menos táticas para forçar e mais tuítes que atraiam hóspedes para que, assim, eles possam vivenciar a economia da gratidão do jeito Joie de Vivre.

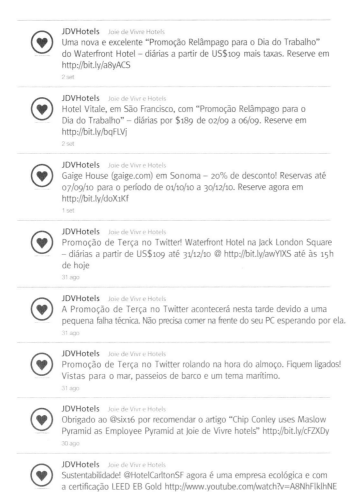

A Joie de Vivre percebeu que tanto os pequenos quanto os grandes detalhes importam ao construir a identidade da marca. O que está no meio do caminho é importante para que a empresa sobreviva, é claro, mas são as iniciativas personalizadas que se encontram em cada extremo — os mínimos detalhes e os grandes gestos — as responsáveis por causar impacto e fazer com que as pessoas falem.

CAPÍTULO DOZE

A Dentista Irena Vaksman: Um Pequeno Consultório Crava Seus Dentes nas Mídias Sociais

Há muitos que acreditam que ir ao dentista é uma das piores e mais desagradáveis experiências possíveis, mas aposto que poucos são pacientes da Dra. Irena Vaksman, uma dentista com quase uma década de experiência que recentemente abriu um consultório em São Francisco. Nunca conheci a Dra. Vaksman e, até onde sei, ninguém que eu conheça se consultou com ela. Mas sei que seus pacientes não só gostam dela, mas também de sua equipe e de seu consultório, que mais parece um spa e inclui um "óculos para assistir a filmes" usado para distrair pacientes durante procedimentos. Sei disso tudo porque os pacientes me contam — no Yelp e no Facebook.

Alguns podem achar estranho alguém da área de saúde fazer propaganda de sua prática em mídias sociais, mas a Dra. Vaksman está apenas inovando — um exemplo que, muito em breve, outros médicos e dentistas seguirão. Em uma época em que mais da metade da população adulta de usuários online buscam, mesmo que ocasionalmente, resenhas e comentários para fundamentar suas decisões relacionadas à saúde, faz sentido que profissionais que oferecem esses serviços estejam presentes, dispostos a conversar com eles. De acordo com um relatório de 2009 feito pela Pew Research Center, 61% dos adultos pesquisam informações sobre saúde na internet. Desses, 59% fizeram pelo menos uma das seguintes opções:

- Leram o comentário ou experiência de outra pessoa a respeito de um problema de saúde em um grupo online, site ou blog.
- Consultaram classificações ou resenhas online de médicos ou outros profissionais de saúde.
- Consultaram classificações ou resenhas online de hospitais ou consultórios em geral.
- Inscreveram-se para receber informações a respeito de problemas de saúde.
- Ouviram um podcast sobre problemas de saúde.

Além do Facebook, é possível encontrar a Dra. Vaksman no Twitter, YouTube e LinkedIn. Ela usa todos esses canais para compartilhar informação, educar o público e ficar disponível sempre que seus pacientes têm dúvidas, comentários ou alguma preocupação.

A Intenção Ideal

De acordo com o marido da Dra. Vaksman, Robert Vaksman, um advogado que também administra as mídias sociais do seu escritório, sua esposa abriu seu consultório com um objetivo específico: proporcionar a experiência ideal para seus pacientes, o que necessariamente implicaria proporcionar os padrões mais atualizados, especializados e tecnológicos de assistência odontológica. Ademais, também envolveria sua habilidade de estabelecer relacionamentos personalizados, o que só é possível ao criar vínculos com os pacientes, conhecê-los e provar que se importa não somente com seus dentes, mas com o bem-estar geral. Ainda assim, para proporcionar esse tratamento excepcional, a Dra. Vaksman tinha que conseguir novos pacientes.

Como Usar as Mídias Sociais para Se Diferenciar

Como já se sabe, as mídias sociais, plataformas perfeitas para estabelecer relações B2C, ajudaram a Dra. Vaksman a se diferenciar das centenas de outros dentistas já estabelecidos na grande área urbana de São Francisco (assim como no enorme prédio comercial onde o escritório dela está localizado). Além de marcar presença no Facebook, Twitter, YouTube e LinkedIn, ela foi a primeira dentista na cidade a oferecer desconto pelo Groupon — uma investida que atraiu muitos novos pacientes ao consultório aberto há apenas cinco meses. Infelizmente, a reação foi boa até demais; Robert compara o número imenso de pacientes com um cano vazando água. O consultório foi inundado com ligações de pessoas querendo marcar uma consulta e aquelas que não recebiam o atendimento ao cliente excepcional que a Dra. Vaksman pretendia oferecer reclamavam online. Como Robert explicou: "A demanda significativa expôs nosso ponto fraco logo na recepção, o que é fundamental para a relação com o cliente, já que é a única chance de causar uma boa primeira impressão." No entanto, o que outros consultórios poderiam considerar uma experiência negativa nas mídias sociais foi percebido pela Dra. Vaksman e por Robert como uma situação positiva: eles conseguiram fazer os ajustes necessários em sua equipe e no agendamento de consultas. Pequenos negócios geralmente têm mais facilidade para se adaptar às mudanças necessárias do que grandes negócios, mas se torna cada vez mais imprescindível que grandes empresas e marcas também agilizem seu processo de adaptação.

Como Lidar com Críticas e Usá-las a Seu Favor

A maneira como uma empresa ou marca lida com as críticas públicas é mais importante do que como lida com elogios.

A Dra. Vaksman parece entender algo que já mencionei anteriormente neste livro — o cliente insatisfeito que usa as mídias sociais é melhor do que um cliente que fica em silêncio, pois é possível dialogar com alguém que se preocupa em reclamar. Caso ele esteja certo, você pode se desculpar. Se achar melhor, pode se explicar ou pedir uma segunda chance. No mínimo, você pode demonstrar publicamente que leva a insatisfação de seus clientes a sério. A plataforma que concede tanto poder aos clientes na economia da gratidão é a mesma que dá às marcas a chance de melhorar sua relação com eles. Veja o resultado do engajamento da Dra. Vaksman com seus pacientes insatisfeitos no Yelp. Por duas vezes, pessoas que reclamaram de sua experiência retornaram à plataforma para avisar que a equipe da dentista se esforçara para resolver os problemas. O destino do consultório da Dra. Vaksman está na habilidade que ela tem de fazer um trabalho excelente e de conquistar a confiança de seus pacientes. Com base nas resenhas online positivas e na evidência de que é capaz de satisfazer clientes descontentes, parece que ela está tendo êxito.

Com frequência, há dois tipos de resenha — aquelas que descrevem uma experiência maravilhosa e as que relatam uma experiência péssima. Qualquer médico que não acredite que seu tratamento é o melhor disponível não tem razão para usar Facebook, Yelp ou qualquer outra rede social. Qualquer serviço inferior ou medíocre corre o risco de ser exposto nessas mídias. Embora alguns possam concordar com resenhas que dizem que um restaurante serve comida ruim, mas continuam frequentando aquele espaço mesmo assim porque é barato e perto do trabalho, é improvável que pacientes aceitem tratamento de um médico que não tenha resenhas tão positivas quanto a Dra. Vaksman. As mídias sociais são um ambiente perfeito para médicos espertos e bons o suficiente para aproveitá-las.

O Poder de Ser o Primeiro

E, afinal de contas, como conheço a Dra. Vaksman? Vivemos em lados opostos do país e nunca precisei de um dentista durante as minhas viagens à Costa Oeste (ainda bem). A atenção nacional que seu recente consultório atraiu é resultado de duas verdades importantes da economia da gratidão, as quais abordo com frequência: 1) o valor da mídia conquistada ao ser o primeiro é inestimável e 2) a qualidade dos seus fãs e seguidores é muito mais importante do que a quantidade.

Basta um Cliente

Se Irena Vaksman não tivesse se estabelecido em todas essas mídias sociais, Loïc Le Meur provavelmente não a teria mencionado, a não ser que um de seus amigos pedisse a recomendação de um dentista.

Mas ele se interessa muito por mídias sociais — é um empresário internacionalmente conhecido, desenvolveu o aplicativo Seesmic e foi classificado pela *BusinessWeek* como umas das 25 pessoas mais influentes da internet em 2008. Então, quando Le Meur descobriu que sua nova dentista estava presente nas mídias sociais, achou que valia a pena escrever a respeito dela em seu blog. Como a maioria dos outros pacientes da Dra. Vaksman, ele estava satisfeito com o atendimento que recebeu e com os equipamentos de alta tecnologia usados no consultório. Le Meur questionou, no entanto, o uso que a Dra. Vaksman fazia das mídias sociais e se ela sequer precisava dessa estratégia. Afinal, não é fácil administrar tantas plataformas. Ele se perguntou se a dentista tinha de fato tanto assunto assim para falar. Mais uma vez, quando confrontados com uma crítica, os Vaksmans usaram a oportunidade para abrir um diálogo e escreveram a respeito de suas estratégias nas mídias sociais e seus planos para o futuro. A conversa que resultou dessa situação foi de grande ajuda para que as pessoas pudessem enxergar a Dra. Vaksman não só como uma dentista, mas como uma empresária. É possível ler todo esse diálogo no site de Loïc Le Meur.

A partir daí, a TechCrunch se interessou pela história e decidiu incluir a Dra. Vaksman em um artigo sobre o uso de mídias sociais por pequenas empresas. Além disso, Robert Vaksman foi convidado para participar da TechCrunch Social Currency CrunchUp naquele mesmo mês. Toda essa exposição aconteceu porque os Vaksman não tiveram medo de tentar algo novo; eles não ergueram barreiras.

É preciso salientar que ser um dos primeiros usuários de mídias sociais não foi o único motivo para toda a atenção recebida pela Dra. Vaksman. Ninguém se interessaria por ela caso os comentários não fossem incrivelmente positivos. Mas eles são: há elogios para tudo, desde a gentileza da equipe até a meticulosidade de suas limpezas de dente e exames, além de seu cuidado com os pacientes. Essas resenhas positivas são o motivo de os usuários do Facebook representarem aproximadamente 19% dos visitantes do site da dentista. A combinação de uma experiência do cliente incrível com o poder do boca a boca levou o consultório da Dra. Vaksman ao sucesso.

Não Dê um Passo Maior que a Perna

Ao observar as mídias sociais da Dra. Vaksman, preciso concordar com Loïc Le Meur — ela poderia se empenhar um pouco mais: proporcionar mais engajamento, oferecer um conteúdo mais criativo e participar mais de conversas a respeito de escovas de dente, pastas de dente, obturações, canais, aparelhos ortodônticos, mau hálito, câncer de boca, clareamento e outros tópicos relacionados à saúde bucal que deveriam ser discutidos na internet. Em sua resposta ao post de Le Meur, Robert Vaksman disse: "Estamos comprometidos a dialogar mais no Facebook — e em nossas outras mídias sociais. Talvez devêssemos ter começado antes, mas queríamos primeiro focar a construção de uma presença online positiva." Acredito que não dar um passo maior que a perna é uma ótima estratégia, mas estou ansioso para ver o resultado de uma presença mais ativa dos Vaksman nas mídias sociais.

O Acerto da Dra. Vaksman

Ela começou com uma boa intenção. Seu objetivo desde o início era fornecer um cuidado dental mais pessoal, completo e de tecnologia avançada possível.

Choque e admiração. Os pacientes amam os óculos para assistir a filmes durante o tratamento. Amam a atmosfera do consultório, que mais lembra um spa. Amam a vista do 23º andar e a minuciosidade da dentista durante a consulta. Aparentemente, há muito o que amar.

Definir a cultura. Quando uma grande quantidade de pacientes apareceu em seu consultório e a equipe da recepção não entendeu o padrão de serviço que a Dra. Vaksman estava tentando estabelecer, ela contratou novos funcionários.

Pequenas Empresas, Grandes Negócios

A Dra. Vaksman está mostrando ao mundo do marketing que o que funciona para grandes empresas pode ser adaptado para os pequenos negócios também. Talvez seu companheiro não seja seu sócio e não possa dedicar tempo para administrar suas mídias sociais para que você foque o que faz de melhor. Não importa — contrate alguém que faça isso por você. Não é cedo demais para que pequenos negócios passem a contratar gerentes de mídias sociais (ou gerentes de comunidades, como gosto de chamá-los). Em 1999, meu pai achou que eu estava louco quando insisti que precisávamos contratar um programador, pois sua experiência não lhe mostrava que seria sensato que uma loja local de bebidas se preparasse para o comércio online. Felizmente, não tive que dar a minha última cartada — o apelo de "a empresa cresceu significativamente, por que você não me deixa arriscar?"—, pois fui abençoado com um pai que confiava em mim e me dava muita liberdade para colocar as minhas ideias em prática, contanto que eu explicasse meu raciocínio. Acredito que muitas pequenas empresas têm estabelecido diálogos semelhantes ultimamente. Se você não vai administrar as suas próprias mídias sociais, sim, vai custar dinheiro contratar alguém que o faça. Mas em algum momento terá que fazer isso, então é melhor já levar esse aspecto em conta ao planejar seu orçamento. Se você tem dez ou mais funcionários, pode ser que consiga economizar algum dinheiro; basta identificar quem está mais apto para lidar com mídias sociais. Tente adotar novas perspectivas e encontre novas maneiras de abordar suas estratégias de marketing. Inove ou morra.

Mesmo que tenha um pequeno consultório (ou uma pequena empresa de qualquer tipo) e que não esteja vivendo em um ambiente aficionado em tecnologia como São Francisco, você deveria estabelecer sua presença nas mídias sociais. Pode ser que demore um pouco mais para conseguir atrair clientes online, mas eles surgirão. Se as pessoas de São Francisco conversam com seus dentistas na internet, logo pessoas em Kentucky também farão o mesmo. Na verdade, provavelmente já estão fazendo.

Nunca se sabe, não é mesmo? Nunca se sabe qual plataforma será o próximo sucesso da vez. Nunca se sabe qual cliente será mais significativo para o seu negócio. A única maneira de se preparar para qualquer eventualidade é se arriscar e, não importa o que aconteça, tratar cada cliente, online e pessoalmente, como se ele fosse o mais importante do mundo.

CAPÍTULO TREZE

Hank Heyming:
Um Breve Exemplo Bem Executado de Cultura e Intenção

Como chamamos um advogado que usa o Twitter?

Esperto.

Heyming é um advogado que usa as mídias sociais para estabelecer sua atuação em um escritório de advocacia global, construir sua marca pessoal e se comunicar com seus clientes e com a comunidade de startups. Pode ser que haja outros advogados usando blogs, Twitter, Skype ou Quora em qualquer outra parte do país, mas em Richmond, Virgínia, Heyming se destaca como exemplo de como implementar e agir em função da cultura e intenção apropriadas pode trazer benefícios na economia da gratidão.

Use a Cultura a Seu Favor

A cultura tem muito a ver com o sucesso de Heyming. Ele tem sorte de trabalhar para uma empresa que parece entender que vivemos e trabalhamos em um mundo em que a cultura da confiança e transparência impulsiona os negócios. Nas palavras de Heyming, a Troutman Sanders, empresa em que trabalha, é "iluminada", o que não é um termo usado com frequência para falar sobre escritórios de advocacia. Como já mencionado anteriormente, advogados são avessos ao risco e conservadores quando se trata de adotar inovações tecnológicas que aumentam a exposição da empresa e da marca. Apesar de muitos advogados recém-graduados acharem normal publicar sobre suas vidas, seus pensamentos e suas opiniões no Facebook e no Twitter, no geral, os profissionais com mais de 40 anos ainda desconfiam das mídias sociais, e são eles que comandam grande parte dos escritórios de advocacia. É compreensível que muitos deles fiquem receosos em permitir que seus funcionários falem livremente na internet — até mesmo os advogados mais experientes cometem equívocos, como qualquer outra pessoa; e esses erros, que geralmente incluem postar informações a respeito de processos, ou reclamar de clientes e juízes, resultam em reprimendas, multas e até mesmo demissão. A cultura na Troutman Sanders parece incomum para um escritório de advocacia. De acordo com Heyming, a empresa encoraja os advogados a buscar maneiras inovadoras e criativas de estabelecer sua atuação. Não sei dizer se o escritório incorporou todos os alicerces culturais discutidos no Capítulo 4, mas, se Heyming tem tanta liberdade assim, a Troutman Sanders lida de maneira impressionante com a confiança que concede a seus funcionários, o que não é algo que muitas empresas da área conservadora costumam fazer. O escritório está de parabéns.

Tudo Começa com Boa Intenção

Heyming criou e divulgou sua própria cultura. Sua paixão é guiar e aconselhar startups de sua concepção à rentabilidade econômica. Quando se mudou do sul da Califórnia para a Virgínia, ele estava frustrado com o fato de a comunidade empresarial ser tão pequena e dispersa. No início, Heyming reclamou, mas então decidiu que cabia a ele criar uma rede sólida de empresários locais e capitalistas de risco que o ajudariam a estabelecer uma base de clientes próspera. Durante seu tempo livre, ele começou a oferecer orientação jurídica gratuita ou com grande desconto para startups. Por ser um empresário, ele sabe como empresas novas ficam vulneráveis quando tentam se estabelecer. "Uma vez que uma empresa já está ativa e já passou por algumas rodadas de financiamento, ela pode contratar um advogado/contador/consultor. Mas, quando se está apenas começando e desenvolvendo códigos na casa de seus pais, mal tem dinheiro para comprar macarrão instantâneo, que dirá para contratar consultores. É aí que enxergo uma oportunidade não só para construir um ecossistema, mas para me beneficiar... Acredito firmemente em 'fazer as coisas da maneira certa'." E complementa: "Hoje, esse ecossistema depende das mídias sociais e da conectividade. Os fundadores com quem trabalho vivem e respiram Twitter e Skype, então também vivo e respiro Twitter e Skype. Trabalho quando eles trabalham — mesmo que isso signifique fazer uma videoconferência às 23h30 para que possamos falar com alguém em Hyderabad."

Cultura + Intenção = Boca a Boca

Heyming insiste que não é perda de tempo oferecer seus serviços a uma startup novata, já que seu investimento tem retorno rápido quando as empresas conseguem financiamento e ele pode começar a cobrar o preço normal por seus serviços. A recompensa de seu trabalho supera qualquer risco que possa encontrar ao gastar seus recursos com empresas que podem nunca deslanchar. Na verdade, seus maiores clientes, muitos dos quais começaram como pequenas startups, geram 90% de sua demanda de trabalho, muito embora constituam apenas 30% de sua base de clientes. Alguns de seus clientes são fundos de capital de risco e reconhecem também que é de seu interesse que Heyming os ajude a expandir a comunidade empresarial. Todo mundo ganha: a Troutman Sanders, que dá aos seus advogados liberdade para estabelecer sua atuação da maneira que acham adequada; Heyming, que ganha dinheiro fazendo o que ama e da maneira que ama; as startups, que apenas precisam de um tempo; e os capitalistas de risco, que buscam a próxima oportunidade de investimento.

É claro que há startups que nunca decolam, mas Heyming não tem motivo para considerar o tempo despendido com esses clientes como um mau investimento. Empreendedores são pessoas movidas por ideias, e geralmente eles têm mais de uma; logo, procuram Heyming com outras iniciativas. No mínimo, essas pessoas gostam de conversar com quem pensa da mesma forma que elas, o que quer dizer que o boca a boca dos empreendedores que Heyming tenta ajudar geralmente acaba trazendo novos clientes.

Além do boca a boca de clientes novos e antigos, pagantes ou não, expande seu negócio com tuítes e posts em blogs. Ele diz que toda semana fundadores e investidores inspirados ou intrigados por algo que escreveu entram em contato com ele.

O que um Advogado Faz Qualquer um Pode Fazer

Em geral, os detalhes do sucesso de Heyming na economia da gratidão não são diferentes dos empresários dos quais falamos neste livro. Ele tem êxito porque não ergue barreiras quando confrontado com situações inusitadas; ele enxerga as oportunidades. O trabalho sempre se relaciona a proporcionar algo às pessoas — eficiência, entretenimento, assistência, tempo livre, paz de espírito, oportunidade, conforto; esse advogado se importa verdadeiramente com seus clientes e reconhece que o sucesso deles também é o seu. Acredito que quando Heyming descreve sua prática jurídica ao dizer que "a base de nossa prática é construída em torno de relacionamentos", ele poderia estar falando de qualquer área ou setor, incluindo o seu.

O Panorama Geral

Ninguém é perfeito, mas vejo como as empresas que apresentei podem se ajustar e melhorar suas iniciativas nas mídias sociais. Por outro lado, tenho plena consciência de que também posso melhorar meus próprios esforços. Manter relações e aproveitar as mídias sociais é uma tarefa desafiadora. Ainda assim, o que mais me surpreende nos líderes de empresas e marcas que mencionei neste livro é o entusiasmo. Eles trabalham feito loucos, e a economia ainda está instável, mas quando falam sobre seus trabalhos é possível perceber que enxergam novas oportunidades diariamente. É como se as mídias sociais proporcionassem a seus usuários uma plataforma igualitária em que podem construir não apenas suas carreiras, mas seus sonhos.

Conclusão

Não é imaginação, o marketing realmente ficou mais difícil. Os mercados estão se fragmentando, as perspectivas estão mudando, a atenção está diminuindo e a quantidade de informações que as pessoas tentam absorver continua a se multiplicar.* Houve uma mudança espantosa nos locais que consumimos mídia, e onde e como interagimos pessoalmente e on-line, e essa alteração continua a se transformar e se expandir a cada dia. O único modo de as marcas e empresas conseguirem se adaptar e superar esses desafios é conduzir uma campanha virtual de prospecção para conquistar os corações e mentes de seus clientes. Isso é muito mais difícil e demorado do que bombardear o mercado com uma única mensagem para todos. No entanto, aquelas empresas que estão dispostas a assumir a linha de frente nas mídias sociais com seus clientes perceberão que o boca a boca permite que cada engajamento individual tenha um impacto centenas de vezes maior. Se

---

* Quanta informação tentamos absorver? Na conferência Techonomy de 2010, em Lake Tahoe, Califórnia, Eric Schmidt, CEO do Google, declarou que a cada dois dias as pessoas produzem tantas informações quanto produziram do surgimento da civilização até 2003: cerca de cinco exabytes de dados.

os profissionais de marketing se comprometerem plenamente com os princípios da gratidão, realocarem seus recursos de marketing adequadamente e encontrarem formas não apenas de tirar proveito do melhor que as mídias sociais e tradicionais têm a oferecer, mas também de complementar umas às outras, eles verão um retorno incrível em qualquer investimento que fizerem.

Qualquer um que espere que o cenário de marketing se estabilize antes de incorporar a mídia social à sua estratégia de negócios vive uma ilusão. Estamos andando em um trem extremamente rápido; as mudanças apresentadas marcam apenas o começo das transformações que ainda estão por vir. A estabilidade não acontecerá tão cedo.

Então o que fazer? Como sempre, se apressar. Infelizmente o marketing se tornou mais difícil em uma época em que muitos profissionais de marketing ficaram mais tranquilos. Nós nos acostumamos a corridas curtas, não maratonas, e não estamos acostumados com provas de resistência. Isso se aplica tanto para profissionais de marketing corporativos quanto para empreendedores. Nossos bisavós estavam preparados. Se administravam seus próprios negócios ou tinham 30 anos de serviço em uma grande empresa ou fábrica, eles estavam acostumados a trabalhar ao extremo com poucas inovações tecnológicas, as quais nem sequer imaginamos ficar sem. Eles nunca ouviram falar de equilíbrio entre vida pessoal e profissional, e sabiam que não deveriam esperar gratificação instantânea. Ansiamos por ambos, mas acho que serão luxos na economia da gratidão. Nesta era de negócios, as pessoas de sucesso serão aquelas consumidas por seu trabalho (e felizes com isso) e que têm paciência para buscar uma pequena conquista de cada vez. Essa nova economia oferece enormes oportunidades para desenvolver grandes mercados, fortalecer marcas ou construir negócios duradouros, desde que se trabalhe para isso com a mesma intensidade do treinamento de Rocky Balboa no interior soviético coberto de neve para seu confronto na Guerra Fria. Você só terá problemas se achar essa situação muito difícil de aceitar.

A economia da gratidão alterou radicalmente as expectativas de nossos clientes, e as empresas terão que ser criativas e pessoais para correspondê-las. À medida que o fizermos, as expectativas dos consumidores mudarão, e as iniciativas de marketing que lançarmos e que agora são recebidas com "Uau!" eventualmente causarão um "Bleh". O segredo, então, é começar a pensar à frente. Todas as empresas precisam inovar para sobreviver. A mídia social nos dá a oportunidade de descobrir o que as pessoas querem antes mesmo de saberem que querem. Usar a mídia social para conversar com os clientes é como ter acesso ao grupo de foco mais honesto que já se sentou em uma mesa de conferência, e não pagar um centavo por sua contribuição. Temos que ouvir, participar da conversa, fazer perguntas e solicitar feedback. Temos que estar mais envolvidos, mais atentos e mais interessados do que jamais estivemos. Temos que ser melhores.

Parte de ser melhor implica garantir o fortalecimento do DNA da gratidão, junto com o seu e o da sua marca ou empresa. Então, trata-se de concentrar suas atenções nos aspectos de sua estratégia de marketing que, até agora, foram tratados como preocupações secundárias.

O valor vitalício de um cliente, por exemplo, terá maior importância. A internet deu aos clientes um número incrível de lugares para gastar seu dinheiro, assim como novas ferramentas que podem usar para propagar cada vez mais sua mensagem. A mídia social permite que você conheça seus clientes bem o suficiente para compreender de fato o valor em longo prazo que podem ter para sua marca. Desenvolver uma conexão emocional poderosa pode ser o necessário para convencê-los a consolidar seus gastos com você. Além disso, agora que as decisões de compra são diretamente afetadas pelos relacionamentos dos consumidores com pessoas com as quais se comunicam em suas redes sociais, manter-se atento a quem eles conhecem e com quem conversam regularmente será cada vez mais importante. Cada interação de engajamento com esses consumidores terá o potencial de se espalhar pela rede por meio do boca a boca. Quando as empresas perceberem que precisam se concentrar no investimento em clientes, e não em plataformas, terão retornos maravilhosos.

A mídia conquistada também se tornará cada vez mais relevante. Assim como houve uma era de ouro do rádio, da televisão e do cinema, as plataformas de mídia social nos trouxeram a era de ouro da mídia conquistada. Os consumidores estão cansados de serem alvos de publicidade. Um artigo de opinião, uma postagem de blog ou uma resenha positiva do consumidor — o tipo de imprensa livre que geralmente é resultado orgânico de uma campanha de marketing envolvente e bem executada que permite que plataformas tradicionais e de mídia social trabalhem juntas — contribuirá para que a iniciativa de marketing que você realmente paga dure mais tempo e seja mais profunda na consciência do público. Certamente será cada vez mais difícil obter mídia conquistada — agora que planos como campanhas do Facebook ganham popularidade, a imprensa nem sempre se esforçará para escrever sobre eles — mas, enquanto durar, será poderosa. É claro que os melhores sempre terão atenção da imprensa, especialmente com o avanço da tecnologia que possibilita excelentes campanhas para dispositivos móveis e de realidade aumentada.

As marcas também devem fazer tudo o que puderem para ganhar vantagem de antecipação. Os profissionais de marketing precisam acompanhar a cultura e ficar atentos às novidades. Os profissionais inteligentes não devem se acomodar. Marcas e empresas que veem o potencial de plataformas emergentes sempre terão uma vantagem sobre a concorrência. As marcas que aparecem primeiro nessas plataformas — as que são lançadas por pessoas como ex-funcionários do Facebook ou do Google — e dão o primeiro passo na construção de relacionamentos com os primeiros usuários descobrem que a perspicácia recompensa.

A menos que Wall Street passe por uma transformação milagrosa e comece a recompensar as empresas por suas estratégias de longo prazo, em vez de quase exclusivamente por seus resultados de curto prazo, será uma luta, e até mesmo um risco, para muitas delas se empenharem em maratonas difíceis de mensurar, como valor vitalício do cliente, mídia conquistada e mercados emergentes. A ironia é que, quando executadas corretamente, essas maratonas podem prover dividendos em um período de tempo relativamente curto.

As empresas que dispararem são aquelas que descobrirão uma maneira de equilibrar as demandas de curto prazo de Wall Street ou investidores com as demandas de longo prazo da economia da gratidão. Seus líderes fortalecerão seu DNA com boa intenção, entranhando-o em toda a empresa, do topo aos outros níveis de seus negócios. Aceitarão que os clientes detêm a maior parte do poder e terão prazer em concedê-lo a eles. Contratarão pessoas e criarão novos departamentos dedicados a construir relacionamentos de longo prazo com clientes atuais e potenciais. Deixarão de confiar apenas em canais de marketing tradicionais e diretos para divulgar sua mensagem e, em vez disso, permitirão que seu conteúdo seja difundido por todas as plataformas possíveis. Tratarão seus negócios como uma extensão de si mesmos e cuidarão incessantemente.

Pessoas muito mais inteligentes do que eu afirmaram que vivemos uma Terceira Revolução Industrial.* No entanto, quem está atento perceberá que tenho dito a mesma coisa (do meu jeito) por mais de cinco anos. A economia da gratidão é atual, está aqui, é relevante, e acredito que sua escala pode ser maior do que qualquer um de nós pode imaginar. E ainda é muito recente.

Este é um momento incrivelmente emocionante para estar nos negócios. Sei que tenho razão sobre a economia da gratidão — depois de provar champanhe, você reconhece o sabor assim que o toma novamente. Pode demorar um pouco mais do que previ para que a transformação cultural total se concretize, mas daqui a dez anos estarei do lado certo da história. Imploro para que você esteja comigo. Um dia, escavaremos os fósseis das empresas que achavam que não poderiam "escalar", que não valia a pena, ou que não pararam de erguer barreiras. No dia em que você reconhecer que a gratidão existe e começar a tomar as medidas necessárias para executá-la adequadamente, garantirá que seu negócio ou marca tenha um lugar no futuro.

---

* Confira o livro de Rick Kash e David Calhoun, *How Companies Win*, HarperBusiness, 2010, pp. 40-41.

PARTE IV

Ideias de Sobra

Mais Reflexões sobre...

Como Iniciar Conversas

Caso seja uma grande marca como a Coca-Cola ou a SunChips, você está sendo alvo de comentários, e é necessário tomar a frente do assunto. Quando iniciar a conversa, é possível expandi-la para falar mais sobre bebidas, refrigerantes, verão etc. Entretanto, se seu produto for um refrigerante que não é tão conhecido, por exemplo, ninguém estará falando sobre você. Então é preciso fazer o contrário: criar uma conversa geral sobre o assunto. É necessário participar de todas as conversas relevantes que encontrar, assim como fiz no começo quando falei com as pessoas sobre Chardonnay e Shiraz, muito antes de responder às interações como @garyvee. Uma vez que essas conversas estiverem em andamento, será possível começar a falar especificamente sobre seu produto.

A Diferença entre o Poder do Boca a Boca e da Publicidade

Em meados de 2010, a National Public Radio mudou oficialmente seu nome para NPR para refletir sua presença online e em dispositivos digitais. Em um artigo para o *Nieman Journalism Lab* sobre como a organização mede o valor de seus seguidores no Twitter e fãs em sua página do Facebook, Justin Ellis escreveu o seguinte: "Faz sentido que a NPR queira monitorar suas plataformas emergentes à medida que tenta se transformar em uma empresa de mídia digital. Juntos, Facebook e Twitter agora representam de 7% a 8% do tráfego do NPR.org, o equivalente ao dobro do ano passado." Cada vez mais pessoas são direcionadas ao site da NPR por meio de links que veem no Twitter e no Facebook, devido ao contexto social criado quando os consumidores optam por receber atualizações da organização em seu feed de notícias ou quando visualizam o conteúdo postado por um amigo. Você se atentará a um comentário que sua mãe ou um colega de trabalho respeitado postou sobre uma história da NPR de maneira muito diferente do que faria se encontrasse um artigo por meio de uma pesquisa no Google. Esse contexto social e essa conexão concedem uma importância ao conteúdo que, do contrário, não existiria. A diferença entre como as pessoas reagem aos resultados dos mecanismos de busca ou anúncios e aos feeds do Twitter ou Facebook é comparável às diferentes reações à publicidade e ao boca a boca. O primeiro caso é um encontro aleatório e impessoal que é facilmente esquecido; o segundo é uma troca significativa que vale a pena compartilhar.

Como o Medo Bloqueia a Inovação

É cada vez mais incomum que uma grande marca de consumo realmente inove e crie um ótimo produto. A Vitamin Water não veio da Coca-Cola; a Pom não veio da Pepsi. Muitas grandes empresas ficam presas em seus próprios medos e preocupações de curto prazo, o que as impede de correr riscos e dar seguimento a grandes ideias e pensamentos criativos. Elas estão muito envolvidas em reuniões, procedimentos e valor de ações ou, o pior de tudo, na política de manter seus empregos, enquanto empresas menores e mais determinadas são frequentemente guiadas pela paixão e têm a liberdade de experimentar.

Planos

Há muitas pessoas interessadas em garantir que as marcas não comecem a usar mídias sociais. É possível indicar muitas falhas nas estatísticas de mídia social, mas muitas delas também estão presentes na mídia tradicional. No entanto, a realidade é que, eventualmente, as marcas poderão rastrear cada consumidor online — não há métrica mais verdadeira do que essa. O que aconteceria se as marcas começassem a exigir o mesmo padrão métrico da mídia tradicional? E se perceberem que podem gastar seu dinheiro de forma mais eficiente e efetiva online do que na televisão? Há muito dinheiro de marketing e publicidade em jogo — sem mencionar presentes de agradecimento, como ingressos para jogos de beisebol, shows, jantares chiques, viagens a Cancún e caixas de Dom Pérignon —, e muitas pessoas denegrirão a influência das mídias sociais sempre que puderem para que possam manter o controle sobre elas. Além disso, esses presentes são frequentemente trocados entre pessoas que realmente gostam de fazer negócios juntas. Isso significa que, mesmo que outra agência estivesse disposta a oferecer a elas um melhor negócio, essas pessoas ainda gastariam seu dinheiro com a que lhes deu tratamento preferencial ao longo dos anos. É ridículo dizer que negócios não são pessoais. Obs.: você pode estabelecer algumas dessas relações no Twitter, no Tumblr e no Facebook. Quem disse que a mídia social não é B2B?

Mudança de Estratégias

Costumo ver semelhanças entre o marketing e as relações interpessoais, mas ultimamente não consigo deixar de pensar que elas também existem entre a forma como comercializamos e anunciamos e como declaramos guerra. As guerras mundiais foram disputadas sob fogo cerrado — grandes aviões lançando muitas bombas do céu, navios de guerra, tanques. Tudo era significativo e destinado a assolar o inimigo. Então entramos no Vietnã e não pudemos usar as mesmas táticas — tivemos que lutar um contra um. Mais recentemente, no Iraque e no Afeganistão, as tropas foram de aldeia em aldeia, de tribo em tribo, tentando estabilizar regiões perigosas enquanto conquistavam a confiança, os corações e as mentes da população. Não estou julgando o modo como lutamos nessas guerras, nem acredito que as decisões que tomamos no mundo do marketing são comparáveis às decisões que líderes das forças armadas tomam diariamente ou aos sacrifícios feitos pelos soldados. No entanto, acho que, assim como nossas táticas no campo de batalha tiveram que mudar, o mesmo deve acontecer com nossas estratégias no mundo empresarial. Houve um tempo nos negócios que tivemos que lutar muito e, por isso, era necessário recorrer a uma grande plataforma como a televisão. A TV era um tanque; o rádio era uma frota de aviões. Agora que tentamos atuar em nível local, tem sido uma verdadeira luta para algumas empresas; ser grande não as ajudará a vencer. Bombardear o Afeganistão não nos levou a lugar algum, nem gastar US$44 milhões exclusivamente em campanhas de TV, outdoors e anúncios de rádio.

Como Defendo as Mídias Sociais ao Longo de Minha Carreira

Sempre fui o garoto na mesa de conferências, cercado por especialistas em vinhos e veteranos que achavam que meus videoblogues eram uma piada, até mesmo uma vergonha para o setor. Mesmo quando ficou evidente que meus métodos geravam resultados lucrativos para a Wine Library, meu negócio familiar de bebidas alcoólicas, e comecei a receber atenção da mídia ao provar minhas habilidades empreendedoras, enfrentei constante ceticismo e desdém. Acabei me acostumando e realmente aprecio a discussão. Não tenho medo de defender e debater o valor dessa mudança emergente na internet, porque dizer "eu avisei" deve ser uma das maiores satisfações do mundo. Agora, se eu estiver errado, merecerei o "eu avisei", mas não me arrependerei de ter expressado minha opinião. Muitas pessoas têm medo de compartilhar suas visões e pensamentos em público ou até mesmo em salas de reunião. Ter uma visão forte é importante para sua marca pessoal. Não tenha medo de dizer o que pensa. Nunca. Dito isso, não se esqueça de ouvir também.

Erguendo Barreiras

Acho triste quando alguém que diz querer uma carreira profícua se recusa a tentar algo novo porque os números não parecem promissores. Entendo que as pessoas buscam segurança, mas não compreendo a completa falta de curiosidade que às vezes percebo. Sempre que se ergue uma barreira, você se priva de uma experiência de aprendizado que pode ser útil em longo prazo. Barreiras apenas o limitarão.

O ROI das Emoções

O retorno sobre investimento de um usuário de mídia social está profundamente relacionado ao seu senso de comunidade e ao vínculo emocional que associa a um produto. Você poderia me oferecer uma camiseta do Jets por US$80 e uma do Cowboys por US$1, e ainda assim eu não a compraria. Meu apego emocional ao Jets é forte nesse nível. Uma adolescente que adora Vitamin Water o suficiente para seguir a marca no Facebook não ficará satisfeita com um vale-presente da Snapple se a Vitamin Water tratá-la melhor sempre que interagir com ela online. Ela pode até apreciar e agradecer pelo presente, mas assim que ganhar seu próprio dinheiro o gastará com a marca que tem significado para ela. Afinal, o coração fala mais alto. A Snapple pode conseguir a compra inicial, mas a Vitamin Water tem o relacionamento, o que gera uma receita muito maior em longo prazo. Aqueles dispostos a enxergar (o que não é o caso de muitos profissionais de marketing) presenciam a humanização dos negócios, o que gerará um dos maiores impactos no comércio que já vimos.

Como Funcionam as Classificações da Nielsen

Vamos analisar como funciona o sistema de classificações. Ao selecionar dados demográficos que melhor representem o país como um todo, um programa de computador foca aleatoriamente famílias com televisores e pede que elas monitorem seus hábitos de assistir à televisão. Apenas cerca de 50% dos lares concordam em participar, então as empresas de classificação tentam substituir as casas que não cooperam com as que melhor correspondem à mesma composição demográfica. Em 2009, havia cerca de 114,9 milhões de domicílios com televisores, dos quais apenas cerca de 25 mil eram monitorados. Isso significa que 99,9% das famílias norte-americanas foram completamente ignoradas.* Isso não é necessariamente novidade para a comunidade de marketing, publicidade e aquisição de mídia.

A amostra fica mais ampla durante os meses de novembro, fevereiro, maio e julho, quando a Nielsen pede a cerca de 2 milhões de pessoas que enviem seus relatórios. Físicos. Pelo correio. Não precisa ser um psicólogo para pensar em vários motivos pelos quais esses relatórios podem não refletir com exatidão os hábitos de assistir à TV de uma pessoa. Além disso, apenas cerca de 50% dos relatórios são usados, pois muitos não são devolvidos ou preenchidos corretamente. Uma pesquisa rápida na internet localizará muitos artigos escritos por participantes da Nielsen revelando, ainda que timidamente, que pensaram em falsificar seus relatórios e alterar seus hábitos de assistir à TV (e alguns realmente o fizeram). Essas confissões são feitas apenas por aqueles que se preocupam em compartilhar sua experiência; quantos outros podem existir?

A Nielsen admite que existem falhas em seu processo. Em 2009, a empresa divulgou um relatório afirmando que suas classificações podem ter sido imprecisas em até 8%. O motivo? Os participantes não mediam adequadamente sua audiência. Não importa quais correções e ajustes sejam feitos, a Nielsen ainda precisa confiar na precisão e na honestidade dos indivíduos nos meros 25 mil lares que monitora. A pessoa tem que se identificar como espectadora tem que se lembrar de mencionar que passou 10 minutos durante um programa de meia hora conversando com alguém que bateu à sua porta.

Além disso, como todos sabemos, os hábitos de assistir à TV mudaram drasticamente nos últimos anos. A Nielsen publicou um relatório de 2010 afirmando que 59% das pessoas assistem à televisão

---

* Respeito a matemática utilizada para descobrir como pequenas amostras representam grandes grupos de pessoas, mas ainda assim não é possível deixar de questionar, certo?

e navegam na internet simultaneamente, 35% a mais do que em 2009 — 35% a mais em 12 meses! A Nielsen nos garante que possui sistemas para contabilizar o aumento nos canais a cabo e digitais, DVRs e o fato de que as pessoas assistem à TV em seus iPhones e brincam com todos os tipos de multimídia enquanto a televisão fica ligada em segundo plano. Adoraria saber que tipo de tecnologia possibilita o rastreamento de tantas plataformas, mas essa informação é privada e confidencial, e consigo entender o porquê. Todavia, se a mídia social foi rastreada assim e tentei vendê-la para uma sala cheia de executivos em 2011, você não acha que eles poderiam apontar algumas grandes falhas no meu sistema?

É importante lembrar que a Nielsen Company nem sempre foi a única. Nos anos 1940 e 1950, a empresa competiu com outras cinco do mesmo setor: Videodex, Inc.; Trendex, Inc.; American Research Bureau; CE Hooper, Inc.; e The Pulse, Inc. A Claude E. Hooper foi a pesquisadora de mercado durante a era de ouro do rádio e teve presença suficiente na TV. Até a Nielsen adquiri-la em 1950, era comum que produtores de séries de televisão questionassem: "Como está o seu Hooper?" Mas a Hooper foi vendida, as outras desapareceram e anunciantes, agências de propaganda e empresas compradoras de mídia confiaram na Nielsen.

O que Comove as Pessoas

As pessoas riem da minha empolgação com o New York Jets. Bem, como isso é mais idiota do que ficar na fila por nove horas para comprar o mais novo livro da série Crepúsculo? Ou seis horas para adquirir o novo videogame Sneakers SmartPhone? Agora que as marcas são alcançáveis, não há razão para pensar que, com criatividade, elas não podem causar as mesmas emoções que um time ou um acontecimento da cultura pop. Vence sempre aquela que comove e causa mais emoção.

A Campbell sabe que é verdade. Em uma reformulação completa de sua estratégia de marketing, ela investiu fortemente em sistemas biométricos — que medem, por exemplo, umidade da pele, ritmo cardíaco, respiração e postura — para ajudar a monitorar reações subconscientes e emocionais que os consumidores têm com seus produtos. A pesquisa acarretou grandes mudanças na aparência de suas sopas enlatadas, com a expectativa de que provoquem reações mais emocionais dos compradores.

Um Jogo Corporativo Corrompido

O CEO da BP ganhou um bônus multimilionário. Ele estava no comando durante o pior desastre ambiental de todos os tempos, e saiu da empresa com os bolsos cheios de dinheiro. Quando a pior das hipóteses que pode acontecer a um líder não parece tão ruim, não há motivo para que ele se preocupe desesperadamente com o destino de sua empresa. Se no contrato desse CEO houvesse uma cláusula que exigisse que o preço das ações estivesse em um determinado valor para que não perdesse tudo, ele trataria o problema de maneira diferente. Quando o pior cenário é agradável, você nunca fica tão assustado ou ansioso quanto deveria. Ponto final!

Um Mundo Corporativo Fugaz

O mundo corporativo norte-americano é recompensado por relacionamentos casuais. Esse é o respeito que a maioria das empresas demonstra em relação a seus clientes. Não odeie o jogador; odeie o jogo.

Outdoors

Não há a mínima possibilidade sequer de que tantas pessoas e empresas vejam o número de outdoors que afirmam ver. As pessoas estão tão distraídas com seus dispositivos móveis que mal olham para as estradas, muito menos para os outdoors. A Oprah está certa quando diz que carros deveriam ser zonas sem sinal. Tenho medo de compartilhar a estrada com outros motoristas!

Gosto de TV

Apenas para deixar extremamente claro: sou fã da mídia tradicional; apenas tenho problemas com o trabalho criativo e os preços. Vejo o que as pessoas divulgam, no rádio e na TV, e não acredito que estejam sendo criativas o suficiente. E, por causa das grandes mudanças na audiência, não acho que eu deveria ter que pagar por essa mídia como se ainda fosse 1994, e o rádio, a TV e a mídia impressa fossem os únicos meios que atraem a atenção das pessoas.

Pesquisas e Formulários de Opinião para Clientes

Ao pedir a um consumidor para preencher uma pesquisa ou um formulário de opinião, você já influencia a resposta que receberá. Assim que as pessoas são solicitadas a opinar, filtram suas respostas. Talvez tenham medo de fazer alguém ser demitido. Talvez queiram parecer inteligentes. Talvez não queiram magoar a pessoa que fez a pergunta. Talvez sejam maus. Contudo, nas mídias sociais, você vê conversas, reações e opiniões espontâneas das pessoas. Isso é uma mina de ouro de informação para a marca corajosa o suficiente para procurá-la.

"A Maioria das Marcas Ainda É Irrelevante no Twitter"

Enquanto escrevia este livro, a *Ad Age* publicou um artigo chamado "Most Brands Still Irrelevant on Twitter: Marketers are certainly tweeting, but users are barely listening" [A Maioria das Marcas Ainda É Irrelevante no Twitter: Os profissionais de marketing estão certamente tuitando, mas os usuários mal estão ouvindo, em tradução livre]. Talvez alguém na sua empresa tenha enviado o artigo e dito: "Veja, eu estava certo em insistir que não perdêssemos nosso tempo no Twitter." Gostaria de salientar algumas coisas sobre o artigo:

1. O artigo realmente explica o problema: "Enquanto profissionais de marketing na Dell, Comcast, Ford e Starbucks têm sido, às vezes, participantes perspicazes no Twitter, a maioria deles o utiliza como um serviço de minicomunicado de imprensa. Apenas 12% de suas mensagens são direcionadas a usuários individuais do Twitter, o que significa que os especialistas ainda o veem como um meio de transmissão em vez de um meio de comunicação." Então observe, não é que o Twitter não funciona; é que a maioria das marcas não o utiliza corretamente. É como dizer que um trompete está quebrado porque as primeiras centenas de pessoas que tentam tocá-lo são péssimas. Não se pode ter um relacionamento com alguém se não ficar quieto e deixar a pessoa falar. As marcas precisam perceber que nem tudo é sobre elas. Quando não fazem nada além de empurrar o produto, não há razão para o consumidor dizer algo de volta. É como aquela amiga que sempre fala sobre si mesma e nunca pergunta como você está. No fim das contas, ela se torna cansativa e você perde o interesse em manter a amizade.

2. "As marcas engajam apenas 18%." Bem, de quem é a culpa?

3. O Twitter ainda é novo e devemos tratá-lo como criança. Dê a ele um tempo para crescer e amadurecer antes de dispensá-lo.

Como Começar

Você não precisa ser Michael Phelps, mas, pelo amor de Deus, coloque um traje de banho!

A Oportunidade Perdida de Jeff Bezos

Bezos comprou duas das poucas empresas que mais me interessaram — Zappos e Woot. Woot.com é um site que vende um item eletrônico legal e com desconto por dia. Quando o produto acaba, a promoção termina, e todo mundo tem que esperar até a meia-noite do dia seguinte para ver que coisa nova e impressionante está no mercado. Quando a Woot foi lançada em 2004, eu disse: "Droga, eu deveria ter tido essa ideia! É sensacional!" Foi o site que me inspirou a diversificar o varejo de vinhos. A Amazon a comprou em junho de 2010, mas deveria ter comprado a empresa três ou quatro anos antes. Estou um pouco surpreso por Bezos ter demorado tanto para ver o potencial da Woot, já que a tendência de compra limitada a uma opção única parecia tão óbvia. Estou muito desapontado comigo mesmo por não ter lançado uma startup em torno da mesma ideia. Fiz um esforço meia-boca com um site chamado Free.WineLibrary.com, mas não deslanchou. Foi apenas em 2009 que acertei a fórmula com o Cinderella Wine. Parabéns aos fundadores do Groupon e da Living Social por terem aproveitado ao máximo a oportunidade e a executado com tanto sucesso.

O Perdão

LeBron James aparentemente contava com a capacidade de perdão do público quando decidiu que seria uma boa ideia anunciar ao vivo em rede nacional que estava abandonando o Cleveland Cavaliers, time da sua cidade natal, para jogar pelo Miami Heat. Isso sim é apunhalar pelas costas as pessoas que o amam! Ainda assim, Cleveland provavelmente o perdoará. No entanto, se ele fosse inteligente, teria percebido a fúria de seus fãs, feito outra aparição na TV ao vivo e dito: "Tive minhas razões para aceitar jogar no Miami, mas, Cleveland, fui um idiota e sinto muito." E, se seus agentes fossem espertos, teriam acompanhado o Twitter enquanto LeBron fez seu anúncio, observado a reação do público e dado a ele um tempo durante o intervalo comercial para que expressasse seu pesar por chatear tantas pessoas. Isso teria virado notícia! Em qualquer cenário, no entanto, o pedido de desculpas teria que ser genuíno. A autenticidade é infalível!

Contratação e Demissão

Valorizo o bom trabalho em equipe mais do que quase qualquer coisa. Embora raramente eu tenha demitido alguém, ao longo dos anos tive que dispensar cinco dos funcionários mais talentosos que já trabalharam na Wine Library, porque eles simplesmente não conseguiam ser agradáveis com os colegas. Isso é culturalmente inaceitável na minha empresa.

Liderança e Cultura

Bill Parcells é o melhor treinador de todos os tempos. Dane-se Phil Jackson — eu poderia ter vencido alguns campeonatos com Jordan, Shaq e Kobe nas minhas equipes. Parcells é o melhor treinador da história porque ele assumiu um time arruinado do New York Giants e ganhou dois Super Bowls; foi para o New York Jets, que venceu apenas quatro jogos em dois anos, e conseguiu levar o time a um jogo do Super Bowl em dois breves anos; foi para o Patriots, que ganhou apenas 1 dos 15 jogos da temporada, e o levou para o Super Bowl; foi para o Dallas e fez do time um adversário consistente das eliminatórias; e depois para o Miami, sendo o treinador responsável pela maior reviravolta em uma temporada na história da NFL. Ele ganha ao elevar a moral da equipe, contratar as pessoas certas e incutir a cultura ideal. Ele leva seu DNA. Neste novo mundo onde as pessoas podem se comunicar mais livremente não apenas com clientes, mas também com funcionários, o estilo de liderança de Bill Parcells se tornará cada vez mais necessário.

O Talento

Empresas que resistirem à gratidão vislumbrarão um êxodo de talentos. As pessoas que compreendem a direção da cultura, mas não recebem apoio de suas empresas, terão coragem para seguir novos caminhos. Nas sociedades comunistas, as pessoas resistem secretamente. São reprimidas; lutam contra o sistema; e assim que possível vão embora.

Um dia, essas empresas perceberão que precisam embarcar. Procurarão internamente os líderes para guiá-las, mas descobrirão que as pessoas necessárias se livraram da frustração alguns anos antes. Só as valorizarão quando for tarde demais.

Comunismo no Mundo Corporativo Norte-americano

A economia e a cultura estão intrinsecamente relacionadas, a tal ponto que, na minha opinião, são a mesma coisa. Se entende a cultura em que estamos agora, sabe que nada que um funcionário diga pode causar danos irreparáveis à sua empresa, especialmente se você agir rápido para resolver. É isso que o capitalismo entende e o comunismo, não.

Carta de Tony Hsieh aos Seus Funcionários

Quando a Amazon comprou a Zappos, até mesmo a forma como a aquisição foi anunciada teve um impacto cultural significativo. Tony Hsieh, CEO da Zappos, escreveu um e-mail incrivelmente pessoal aos funcionários explicando os detalhes do negócio, o que significava para a empresa e como afetaria seus empregos.

> Data: Qua, 22 de julho de 2009
> De: Tony Hsieh (CEO — Zappos.com)
> Para: Todos os funcionários da Zappos
> Assunto: Zappos e Amazon
>
> Reserve 20 minutos para ler atentamente este e-mail inteiro. (Desculpe pelo uso ocasional de linguagem formal, já que partes deste texto foram escritas de maneira específica por razões legais.)
> Hoje é um grande dia na história da Zappos.
> Esta manhã, nosso conselho aprovou, e assinamos, o que é conhecido como "acordo definitivo", no qual todos os nossos acionistas e investidores (mais de 100) trocarão suas ações da Zappos por ações da Amazon. Assim que a substituição for realizada, a Amazon se tornará a única acionista da Zappos.
> Nos próximos dias, vocês provavelmente lerão manchetes como "A Amazon compra a Zappos" ou "A Zappos é vendida para a Amazon". Embora estejam tecnicamente corretas, elas não transmitem adequadamente o espírito da transação. (Pessoalmente preferiria a manchete "Zappos e Amazon se unem…")
> Planejamos continuar a administrar a Zappos da mesma maneira de sempre — fazendo o que acreditamos ser o melhor para nossa marca, nossa cultura e nossos negócios. Do ponto de vista prático, será como se estivéssemos trocando nossos atuais acionistas e conselho de administração, mesmo que a estrutura técnica jurídica seja diferente.

Acreditamos que este é o momento certo para unir forças com a Amazon, pois há uma enorme oportunidade de alavancar os pontos fortes de cada um e avançar ainda mais rapidamente em direção à nossa visão de longo prazo. A visão da Zappos continua a mesma: proporcionar felicidade aos clientes, funcionários e fornecedores. Apenas queremos alcançá-la mais rápido.

Estamos animados por três principais razões:

1) Achamos que existe uma enorme oportunidade para acelerar realmente o crescimento da marca e da cultura da Zappos, e que a Amazon é a melhor parceira para nos ajudar a chegar lá mais rapidamente.

2) A Amazon apoia nossa visão de crescimento como uma entidade independente, sob a marca Zappos e com nossa cultura única.

3) Queríamos nos associar a uma acionista e parceira que pense realmente em longo prazo (como fazemos na Zappos), bem como fazer o que é do melhor interesse de nossos acionistas e investidores existentes.

Detalharei melhor cada um desses pontos, mas primeiro deixe-me abordar três perguntas importantes que suponho que muitos de vocês farão.

RESPOSTAS DAS TRÊS PERGUNTAS IMPORTANTES

Q: Ainda terei um emprego?

Como já mencionado, planejamos continuar a administrar a Zappos como uma entidade independente. Na terminologia jurídica, a Zappos será uma "subsidiária integral" da Amazon. Seu emprego está tão seguro quanto há um mês atrás.

Q: A cultura da Zappos mudará?

Nossa cultura é única e está sempre evoluindo e mudando, pois um dos nossos principais valores é Abraçar e Conduzir a Mudança. O que acontece com a nossa cultura depende de nós, essa sempre foi a verdade. Assim como antes, estamos no controle do nosso destino e de como nossa cultura evolui.

Uma grande parte da razão pela qual a Amazon está interessada em nós é porque ela reconhece o valor de nossa cultura, equipe e marca. Seu desejo é que continuemos a crescer e a desenvolver nossa cultura (e talvez até transmitir um pouco dela para eles).

A Amazon não quer que seu pessoal entre e administre a Zappos, a menos que solicitemos. Dito isso, eles têm muita experiência e conhecimento em várias áreas, e estamos muito empolgados com as oportunidades de aproveitar esses aspectos e os recursos da Amazon, especialmente em relação à tecnologia. Trata-se de tornar a marca, a cultura e os negócios da Zappos ainda mais fortes do que são.

Q: Tony, Alfred ou Fred deixará a empresa?

Não, não temos planos de sair. Acreditamos ser o início do que é possível para a Zappos e estamos muito animados com nosso futuro e nossas conquistas tendo a Amazon como nova parceira. Parte da razão para fazer isso é para que possamos acelerar e aumentar nossas realizações.

Há uma seção adicional de Perguntas e Respostas no final deste e-mail, mas queria me certificar de abordar essas três perguntas mais importantes. Agora que esses questionamentos foram respondidos, quero compartilhar mais detalhadamente o pensamento que nos levou a essa decisão.

Primeiro, quero me desculpar pela rapidez deste anúncio. Como sabem, um dos nossos principais valores é Construir Relacionamentos Abertos e Honestos com Comunicação, e se pudesse fazer do meu jeito teria contado muito antes sobre as negociações para que todos os funcionários pudessem participar de nosso processo de decisão. Infelizmente, como a Amazon é uma empresa pública, existem leis de segurança que nos impediram de falar sobre isso para a maioria de vocês até o momento.

Temos uma relação amigável com a Amazon há muitos anos, pois sempre se interessou pela Zappos e sempre teve um grande respeito pela nossa marca.

Meses atrás, entraram em contato conosco e disseram que queriam unir forças para que pudéssemos acelerar o crescimento de nossos negócios, nossa marca e nossa cultura. Quando disseram que queriam que continuássemos a construir a marca Zappos (em vez de uma fusão à Amazon), decidimos que valia a pena explorar a parceria.

Constatamos que eles realmente queriam que continuássemos construindo a marca e cultura da Zappos de uma maneira única. Acho que "única" foi a sua maneira de dizer "divertida e um pouco estranha". :)

Nos últimos meses, quando nos conhecemos melhor, os dois lados ficaram cada vez mais animados com as possibilidades de alavancar os pontos fortes de cada um. Percebemos que ambas as empresas são muito focadas nos clientes — apenas nos concentramos em maneiras diferentes de deixá-los satisfeitos.

Para tanto, a Amazon se concentra em preços baixos, vasta seleção e conveniência, enquanto a Zappos desenvolve relacionamentos, cria conexões emocionais e pessoais, e presta atendimento ao cliente de alto padrão (o "UAU").

Percebemos que os recursos, a tecnologia e a experiência operacional da Amazon têm o potencial de acelerar enormemente nosso crescimento para que cultivemos nossa marca e cultura de maneira ainda mais rápida. Por outro lado, ao longo do processo, a Amazon percebeu que, de fato, nossa cultura é a plataforma que nos permite proporcionar a experiência da Zappos aos nossos clientes. Jeff Bezos (CEO da Amazon) deixou claro que tinha muito respeito por nossa cultura e que a protegeria.

Perguntamos aos membros do nosso conselho o que achavam da oportunidade. Michael Moritz, que representa a Sequoia Capital (um de nossos investidores e membros do conselho), escreveu o seguinte: "Agora temos a oportunidade de acelerar o progresso da Zappos e fazer com que o nome, a marca e tudo o que está associado a ela seja uma parte duradoura e permanente da vida das pessoas... Agora temos liberdade para deixar a imaginação fluir — além de considerar iniciativas e empreendimentos que hoje, em nosso ambiente mais restrito, não poderíamos assumir."

Um dos grandes aspectos da Amazon é que são pensadores de longo prazo, assim como somos na Zappos. É difícil encontrar sintonia desse tipo de pensamento em um parceiro ou investidor, e estamos muito felizes e entusiasmados em saber que tanto a Amazon quanto a Zappos compartilham dessa mesma filosofia.

Dito isso, essa não foi uma decisão fácil. Nos últimos meses, tivemos que pesar todos os prós e contras, juntamente com todos os benefícios e riscos potenciais. No fim das contas, ao determinar que seria o melhor para nossos acionistas, percebemos que basicamente tudo se resumia a nos fazer duas perguntas:

1) Acreditamos que isso acelerará o crescimento da marca Zappos e nos ajudará a cumprir nossa missão de proporcionar felicidade mais rapidamente?

2) Acreditamos que continuaremos a ter o controle do nosso próprio destino, para que possamos cultivar nossa cultura única?

Depois de passar muito tempo com a Amazon, conhecê-la melhor e compreender mais a fundo suas intenções, chegamos à conclusão de que as respostas a essas duas perguntas eram SIM e SIM.

A marca Zappos continuará separada da marca Amazon. Embora tenhamos acesso a muitos recursos da Amazon, precisamos continuar a construir nossa marca e nossa cultura como sempre fizemos. Nossa missão continua a mesma: proporcionar felicidade a todas as partes interessadas, incluindo funcionários, clientes e fornecedores (vale ressaltar que planejamos continuar a manter as relações que temos com nossos fornecedores, e a Amazon continuará a manter os relacionamentos que tem com os dela).

Em breve, realizaremos uma reunião com todos para discutir tudo isso com mais detalhes. Envie-me quaisquer perguntas que tiver para que possamos abranger o maior número possível de pontos durante a reunião e/ou em um e-mail de follow-up.

Assinamos hoje o que é conhecido como "acordo definitivo", mas ainda precisamos passar pelo processo de aprovação do governo. Por isso prevemos que levará alguns meses até que o acordo seja oficialmente fechado. Somos legalmente obrigados pela CVM a respeitar o que é conhecido como "período de silêncio", por isso, se qualquer pessoa perguntar sobre o acordo, incluindo clientes, fornecedores ou a mídia, informe que estamos em período de silêncio determinado por lei e diga para enviar um e-mail para tree@zappos.com, uma conta especial que Alfred e eu monitoraremos.

Alfred e eu gostaríamos de agradecer ao pequeno grupo de pessoas de nossas equipes financeiras e jurídicas e aos nossos assessores da Morgan Stanley, Fenwick & West e PricewaterhouseCoopers que, nos últimos meses, têm trabalhado muito duro, 24 horas por dia e nos bastidores para ajudar a tornar tudo isso possível.

Antes de chegar à seção de Perguntas e Respostas, também gostaria de agradecer a todos por ler este longo e-mail e por nos ajudar a chegar onde estamos hoje.

Definitivamente é um dia de muita emoção para mim. Os meus sentimentos são semelhantes ao que senti quando me formei na faculdade: animação com o futuro misturada com boas lembranças do passado. Os últimos 10 anos foram uma jornada incrível, e estou animado com o que realizaremos juntos nos próximos 10 anos, à medida que continuarmos a desenvolver a Zappos!

Tony Hsieh, CEO — Zappos.com

Compare essa carta com algumas das formais e repletas de jargões que a maioria dos CEOs envia às suas empresas para fazer grandes anúncios. Elas poderiam ter sido escritas pelo personagem HAL, de *2001: Uma Odisseia no Espaço*, por toda a personalidade genuína, compaixão e preocupação que projetam. Quase nenhum funcionário se sente seguro depois de receber uma dessas cartas, mas imagino que a maioria da equipe da Zappos que leu a carta de Hsieh acredita que as decisões em nome da empresa foram tomadas com a intenção correta. E boa intenção, como já discutimos, sempre compensa.

Como a Inovação Promove a Cultura

Nunca se perde por ser criativo. Mesmo que sua campanha não acarrete as vendas que esperava, a cultura de sua empresa será beneficiada pela tentativa. O talento segue o talento. Qualquer equipe criativa que perceber que você tentou algo inovador terá isso em mente quando estiver em busca de oportunidade.

Como Escolher um Gerente de Comunidades

Coloque as melhores pessoas no comando das mídias sociais, e não aquelas que você não sabe mais como lidar. As equipes não escolhem alguém fora de forma se quiserem ganhar; você não deve escolher o jogador de segunda categoria para fazer algo que requer esperteza, empatia e flexibilidade.

Pingue-pongue Viral

As pessoas gostam de surpresas. Quando alguém famoso na televisão ou no cinema aparece no Diggnation, um videoblogue popular, ou começa a tuitar um ótimo conteúdo, torna-se digno de atenção; é como dar de cara com alguém que você sempre quis conhecer melhor. Pode funcionar de outra maneira também.

Se a Hallmark fizesse um comercial de TV para o Dia das Mães com várias pessoas conhecidas na internet e suas mães, como Kevin Rose, iJustine e Tony Hsieh — ou se essas celebridades fizessem um cartaz da campanha "Got Milk" — tenho certeza de que os anúncios rapidamente se tornariam virais. Ver essas personalidades na televisão ou na mídia impressa deixaria o público tão surpreso quanto se visse um peixe andando pela rua. Há muitas impressões a serem causadas se as marcas aproveitarem as relações recíprocas entre mídias tradicionais e sociais.

A Interação entre Mídia Tradicional e Social

Ainda há a impressão de que a mídia tradicional funciona — de que as pessoas a veem — e a mídia social não. O que muitas pessoas não conseguem perceber é o quanto a mídia tradicional é vista devido às mídias sociais. O Grammy de 2010 teve um aumento de 35% na audiência desde 2009, e foi o evento do Grammy mais assistido desde 2004. O crédito poderia ser dado às celebridades presentes, ao aumento dos fãs de música country ou à grande divulgação, mas tenho certeza de que a mídia social também contribuiu. Quando Pink começou a girar, encharcada de água e quase nua, em um tecido acrobático ao estilo do Cirque du Soleil, enquanto cantava "Glitter in the Sky", o Twitter enlouqueceu, levando as pessoas a pensar: "Hum, talvez eu devesse colocar nesse canal."

@ KatoriHall
Katori Hall

Pink no Grammy absolutamente SENSACIONAL!!! ISSO sim é artista!

31 jan via TweetDeck ☆ Favoritar ↻ Retweet ↩ Responder

@ courtney_chow
Courtney Chow

Drake... você é o cara! E Pink estava muito maravilhosa <3 #grammys

Pessoas que não planejavam assistir ao Grammy viram que seus amigos estavam assistindo e que havia algumas coisas malucas acontecendo lá, então sintonizaram no canal. Costumávamos fazer isso. Assistíamos a algo incrível na TV, pegávamos o telefone e dizíamos: "Você viu isso?" Se fôssemos superavançados, fazíamos uma ligação tripla para conversar com dois amigos ao mesmo tempo! Mas o que seria feito então — desligar, ligar para outro amigo e assim sucessivamente? Claro que não! Agora, com um clique, podemos falar para todos nossos conhecidos irem para a frente da TV antes que percam o show incrível.

Táticas

A intenção fará com que suas táticas funcionem melhor. Sua tática do retuíte funcionará muito bem se você se importar muito por um ano antes de colocá-la em prática, e melhor ainda se o que fizer não for realmente uma tática, ou seja, for natural. É como quando se é legal com uma pessoa e depois pede um favor a ela... é muito mais provável que esse alguém faça algo por você se for um grande amigo e vizinho do que se o ignorasse o tempo todo em que viveram um ao lado do outro.

Também uso táticas, mas meus engajamentos são muito maiores. Táticas são como sobremesa. É ótima, a menos que você a coma em todas as refeições, todos os dias.

Mídia Conquistada

Na primavera de 2010, a Vaynermedia promoveu uma campanha entre o New Jersey Nets e o site de geolocalização Gowalla. O objetivo era aumentar o reconhecimento da marca e trazer mais fãs para os jogos. O Nets deixou 250 pares de ingressos virtuais em torno de locais esportivos, incluindo bares e ginásios esportivos, perto da arena dos Nets em Nova York e Nova Jersey; qualquer um que fizesse check-in no Gowalla poderia encontrar os ingressos e trocá-los pelos físicos para assistir ao último jogo em casa da temporada. Produtos virtuais também poderiam ser trocados por recordações reais do time pelas pessoas que fizessem check-in no jogo.

Especialistas escreveram que a campanha do Gowalla foi um fracasso porque apenas 15,2% dos participantes foram ao jogo, mas estavam enganados. Primeiro, sabíamos que haveria desafios para fazer com que as pessoas comparecessem: o Nets teve uma péssima temporada, o jogo foi em uma noite de segunda-feira, e é extremamente difícil chegar à arena por transporte público, que é o único modo como muitos nova-iorquinos se locomovem. Diante desses obstáculos, uma taxa de conversão de 15,2% não foi tão ruim. Em segundo lugar, o que os críticos não perceberam é que, ao escrever sobre a campanha, mesmo que apenas para criticar, eles a fizeram funcionar ao ampliar a história. Ela também recebeu muita atenção positiva da ESPN e dos blogueiros. Por último, os próprios participantes se divertiram muito e ajudaram a fazer a campanha funcionar. Seus números podem ter sido pequenos, mas muitos deles tuitaram e enviaram fotos do evento durante toda a noite, e continuaram falando sobre sua experiência por dias após o jogo.

Algumas pessoas sugeriram que o Gowalla poderia ter se beneficiado de alguma forma com a campanha, mas não os Nets. No entanto, o time usufruiu de novos negócios e, além disso, agora podiam se declarar uma marca disposta a transpor barreiras e ser criativa. Apenas empresários medianos interpretariam e descartariam essa campanha como uma perda de tempo. Pessoas criativas e visionárias viram a iniciativa e pensaram: "Esta é uma marca com a qual quero trabalhar." As pessoas que se importam apenas com os números muitas vezes perdem a parte mais interessante da história. No final, o Gowalla e os Nets conseguiram exatamente o que queriam da campanha.

Reclamações

Algumas pessoas reconhecem que, nesse início da mídia social, reclamar lhes trará alguma atenção. Pode ser frustrante interagir com esses chorões, especialmente quando você suspeita que estão apenas tentando chamar a atenção, ganhar coisas de graça ou falar de si mesmos. Só que é necessário fazer o certo. Essas pessoas não podem ser ignoradas. Independentemente do motivo, é preciso se importar. Dito isso, avalie bem o momento ideal de deixar essas reclamações pra lá.

Os Maiores Erros que as Empresas Cometem com as Mídias Sociais

1. Usar táticas em vez de estratégia.
2. Usar as mídias sociais exclusivamente para resolver conflitos.
3. Usar as mídias sociais para se gabar.
4. Usar as mídias sociais para comunicados de imprensa.
5. Retuitar apenas o material de outras pessoas em vez de criar seu próprio conteúdo original.
6. Usar as mídias sociais para forçar produtos.
7. Esperar resultados imediatos.

Qualquer um que Se Importe com Legado Deve Levar a Gratidão a Sério

Sr. Buffett, caso queira que tudo que construiu dure muito tempo depois de ter partido desse mundo, certifique-se de que suas empresas iniciem a sensibilidade da gratidão em suas práticas de negócios. Na verdade, qualquer investidor faria bem em seguir o mesmo conselho. Se herdou uma empresa familiar e quer que ela seja forte para as gerações futuras, cabe a você começar a agitar as coisas e a incutir a cultura da gratidão a partir do topo.

Como Pescar nas Pequenas Lagoas

O Facebook não é a única plataforma de mídia social significativa, mas muitas pessoas acham que precisam pescar no grande oceano e ignorar as lagoas, que são ricas fontes de receita. Antes de lançarmos a Vaynermedia, AJ e eu íamos começar um site de fantasy games. Se tivéssemos escolhido esse caminho, provavelmente teríamos gastado muito do nosso dinheiro em anúncios no Facebook, mas também teríamos passado incontáveis horas de engajamento nos 50 fóruns e blogs de fantasy games mais proeminentes. Eles não têm tantos usuários como o Facebook, no entanto seriam um público em potencial comprometido e dedicado. É hora de as empresas alocarem para os lagos parte do dinheiro que despejam nos grandes oceanos.

Por que as Grandes Empresas Se Concentram em Grandes Plataformas

No momento, em grandes empresas, há quatro ou talvez seis pessoas na equipe tomando decisões com um orçamento de US$40 milhões. Elas gastam o dinheiro em agências, trazendo consultores e pagando pessoas externas para executar suas campanhas. É claro que precisam se concentrar nas grandes plataformas — é necessário um grande retorno para justificar todo o dinheiro que gastam. Então, o que você ouve nessas reuniões é: "Vamos usar essa plataforma corretamente antes de passar para a próxima."

Precisará de muito mais gente. Não se pode ter apenas uma pessoa pilotando um avião e lançando 60 bombas em uma batalha; é necessária muita gente em campo no um contra um. As empresas precisam deixar de terceirizar tudo e começar a construir suas equipes internas em torno dessas novas plataformas.

Por que as Pessoas Respondem às Mídias Sociais

Não estou dizendo que os líderes corporativos não sabem como administrar seus próprios negócios, mas que podem fazer um trabalho ainda melhor. No fim das contas, as mudanças de marketing que apenas lhes dão uma vantagem agora serão pré-requisitos para o sucesso. Realizamos conexões de forma humana, e os consumidores esperam esse tipo de conexão quando lidam com você. Muitas pessoas que estão no hospital se queixam que não veem a médica há dias, e, quando ela aparece, é indiferente e formal, estudando o paciente como um caso interessante, não um ser humano com sentimentos. São as enfermeiras que frequentemente fazem as pessoas se sentirem melhor quando estão internadas. Quando os pacientes recebem alta, muitas vezes ficam eternamente gratos ao médico ou cirurgião que salvou sua vida ou fez com que se sentissem melhor, mas é comum que sintam profunda afeição e gratidão pelas enfermeiras que lhes trouxeram travesseiros extras, dedicaram tempo a explicar as coisas e alteraram seus turnos regulares para se certificar de que estivessem no setor quando o paciente voltasse de um procedimento. Quando essas pessoas falam sobre sua experiência, recomendam o médico, mas elogiam a enfermeira do hospital e o atendimento que receberam. Elas precisavam do médico por seu conhecimento, mas amavam a enfermeira por sua compaixão e cuidado. As marcas vencedoras na economia da gratidão descobrirão como fornecer as duas coisas — o que os consumidores precisam *e* o que querem.

PARTE V

Como Vencer na Economia da Gratidão: Um Guia Rápido

- Cuide — de seus clientes, de seus funcionários, de sua marca — de tudo que você tem.
- Transponha todas as barreiras — não tenha medo do que é novo ou desconhecido.
- Seja o primeiro no mercado sempre que possível, antes de todos.
- Promova uma cultura de cuidado por meio das seguintes ações:
  Sendo autoconsciente.
  Comprometendo-se mentalmente com a mudança.
  Definindo o tom por meio de suas palavras e ações.
  Investindo em seus funcionários.
  Contratando DNAs culturalmente compatíveis e identificando-os em sua equipe existente.
  Sendo autêntico, ou seja, dizendo o que quer dizer e de forma honesta, em ambiente online ou offline.
  Capacitando sua equipe para ser franca, criativa e generosa.
- Lembre-se de que por trás de cada negociação B2B há um cliente.
- Fale o idioma de seus clientes.
- Permita que seus clientes o ajudem a moldar sua marca ou negócio, mas nunca permita que ditem a direção a ser seguida.
- Construa um senso de comunidade em torno de sua marca.

- Organize mídias tradicionais e sociais na estratégia do pingue-pongue e estenda todas as conversas.
- Direcione todas as suas iniciativas de marketing ao centro emocional e aos extremos criativos.
- Aborde iniciativas de mídia social com boa intenção, visando qualidade de engajamentos, e não quantidade.
- Use o choque e a admiração para impressionar os clientes e fazê-los falar a respeito.
- Se você precisa usar táticas, use táticas de "atração" que lembrem os consumidores por que deveriam se preocupar com sua marca.
- Se você é uma pequena empresa, aja como se fosse grande; se for grande, aja como se fosse pequena.
- Crie um senso de comunidade em torno de sua empresa ou de sua marca.
- Não tenha medo de ir aos poucos. Não dê um passo maior que a perna.

Psssssiu!

Ei...

Obrigado pela leitura. Aqui está o meu e-mail: gary@vaynermedia.com. Se eu puder ajudar, fale comigo.

NOTAS

9   **Uma pesquisa a respeito de pais:** W. David Gardner, "Facebook, Twitter Influence Purchases", InformationWeek.com, 27 de julho de 2010. http://www.informationweek.com/news/software/web_services/showArticle.jhtml?articleID=226300075.

9   **Outra pesquisa, feita em dezembro de 2009:** Bilal Hameed, "Facebook, Twitter Influences Up to 28% of Online Decisions", StartupMeme.com, 14 de dezembro de 2009. http://startupmeme.com/facebook-twitter-influences-up-to-28-of-online-buying-decisions.

10 **Enquanto isso, em seu auge:** Eric Caoili, "Farmville Sheds Another 9 Million Users in Latest Facebook Rankings", Gamasutra, 10 de junho de 2010. http://www.gamasutra.com/view/news/28913/FarmVille_Sheds_Another_9_Million_Users_In_Latest_Facebook_Rankings.php.

14 **A partir dos anos 1990:** Emily Yellin, *Your Call Is (Not That) Important to Us* (Nova York: The Free Press, 2009). 80–81.

16 **Se por algum milagre fosse possível descobrir um número de telefone:** Yellin, 73–74.

20 **De acordo com o Facebook:** Rick Burnes, "Twitter User Growth Slowed from Peak of 13% in March 2009 to 3.5% in October", Hubspot Blog, 19 de janeiro de 2010. http://blog.hubspot.com/blog/tabid/6307/bid/5496/Twitter-User-Growth-Slowed-From-Peak-of-13-in-March-2009-to-3-5-in-October.aspx.

22 **Galante recebeu uma mensagem de voz:** Nilay Patel, "AT&T Warns Customer That Emailing the CEO Will Result in a Cease and Desist Letter", Engadget.com, 2 de junho de 2010. http://www.engadget.com/2010/06/02/atandt-warns-customer-that-emailing-the-ceo-will-result-in-a-cease.

22 **Por fim, ele recebeu (e aceitou) um pedido de desculpas:** Giorgio Galante, *So Long and Thanks for All the Fish*. http://attepicfail.tumblr.com.

22 **Se houvesse um aspecto interessante**: Yellin, 5.

27 **Mesmo os setores que tinham resistência:** Jeremy W. Peters, "Some Newspapers, Tracking Readers Online, Shift Coverage", *The New York Times*, 5 de

setembro de 2010. http://www.nytimes.com/2010/09/06/business/media/06track.html?_r=1&emc=eta1.

28 **O que é ainda mais especial nesse caso é que a Wufoo:** Exemplos de cartões Wufoo: Drew McClellan, "Marketing Tip #75: Handwritten Notes Are Magic", *Drew's Marketing Minute*, 14 de julho de 2010, http://www.drewsmarketingminute.com/2010/07/marketing-tip-75-handwritten-notes-are-magic.html. Veja também Gene, "Wufoo Loves Their Customers", *Period Three Blog*, 13 de março de 2009. http://blog.period-three.com/2009/03/13/wufoo-loves- their-customers/.

34 **Eles escolhem investir em inovação:** Julia Kirby, "Wall Street Is No Friend to Radical Innovation", *US Airways Magazine*, julho de 2010, 17–18.

36 **Embora garotas entre 14 e 17 anos consigam trocar mais mensagens do que qualquer outra pessoa:** Shane Snow, "The Rise of Text Messaging", Mashable.com, agosto de 2010. http://mashable.com/2010/08/17/text-messaging-infographic/.

36 **Em maio de 2010:** Amanda Lenhart, "Cell Phones and American Adults", Pew Internet and American Life Project, 2 de setembro de 2010. http://www.pewinternet.org/Reports/2010/Cell-Phones-and-American-Adults/Overview.aspx.

37 **Ao longo das duas décadas seguintes:** Nina and Tim Zagat, "Nina and Tim Zagat", Slate.com, 1º de junho de 1999. http://www.slate.com/id/29583/entry/29585.

37 **O site definitivamente moderno:** Heather Maddan, "Casting the Net", SFGate.com, 18 de junho de 2006. http://www.sfgate.com/cgi-bin/article.cgi?f=/c/a/2006/06/18/LVGO9JDMdv1.DTL&hw=yelp&sn=001&sc=1000.

37 **A Yelp registra 5 milhões de acessos:** Yelp.com, Press Page, "Company Announcements". http://www.yelp.com/press/announcements.

37 **A Zagat tenta vender seu negócio:** Paul Tharp, "Zagat-about-'em", NY Post.com, 8 de setembro de 2009. http://www.nypost.com/p/news/business/za- gat_about_em_FyHeEMEeS2WHoNCUhv1UAK.

38 **A Yelp registra 10 milhões de acessos:** Yelp.com.

38 **A Zagat se retira do mercado:** Tharp, "Zagat-about-'em."

38 **A Zagat se mantém na lista dos dez aplicativos de iPhone:** Jillian Reagan, "Zagat Me, Baby!", *The New York Observer*, 7 de julho de 2009. http://www.observer.com/2009/media/zagat-me-baby-new-mobile-app-will-tell-you-where-eat.

38 **A Yelp, que ainda é um serviço gratuito**: Yelp.com.

38 **Zagat.com, que cobra uma taxa de adesão anual de US$25:** Tharp, "Zagata-bout-'em".

38 **"A Yelp tem a chance":** Peter Burrows, "Hot Tech Companies Like Yelp Are Bypassing IPOs", Businessweek.com, fevereiro de 2010. http://www.businessweek.com/magazine/content/10_07/b4166023271880.htm.

38 **Seguindo o modelo do Foursquare, a Yelp adiciona:** John C. Abell, "Yelp Takes on Foursquare in latest iPhone App Upgrade", Wired.com, 19 de janeiro de 2010. http://www.wired.com/epicenter/2010/01/yelp-iphone-foursquare.

38 **Usuários do Foursquare podem ganhar uma "Foodie badge":** Jenna Wortham, "Foursquare Signs a Deal with Zagat", *The New York Times*, 9 de fevereiro de 2010. http://bits.blogs.nytimes.com/2010/02/09/foursquare-inks-a-deal-with-zagat.

39 **A Zagat passa a fazer parte do Foodspotting:** Zagat.com, Centro de Imprensa. http://www.zagat.com/About/Index.aspx?menu=PR192.

45 **Toda vez que ocorre um abalo sísmico:** Joshua Cooper Ramo, "Why the Founder of Amazon Is Our Choice for 1999", *Time*, dezembro de 1999.

49 **"A maioria das marcas ainda é irrelevante no Twitter":** Michael Learmonth, "Study: Most Brands Still Irrelevant on Twitter", AdAge.com, 27 de julho de 2010. http://adage.com/digital/article?article_id=145107.

49 **"Redes sociais podem não ser":** Charles Hugh Smith, "Social Networking May Not Be as Profitable as Many Think", DailyFinance.com, 20 de julho de 2010. http://www.dailyfinance.com/story/media/social-networking-may-not-be-as-profitable-as-many-think/19560291.

51 **Quando a empresa realizou um estudo:** "Friending the Social Consumer", Nielsen Wire, 16 de junho de 2010. http://blog.nielsen.com/nielsenwire/online_mobile/friending-the-social-consumer.

53 **De acordo com um estudo da IBM:** Maureen Stancik Boyce e Laura VanTyne, "Why Advocacy Matters to Online Retailers", IBM Institute for Business Value Distribution, 18 de novembro de 2008.

53 Blackshaw, slide "Are Consumers Willing to Engage and Be Spokespeople for Our Brands?", 2.

54 Blackshaw, slide "Loyalty Is No Longer Enough", 3.

54 Ibid.

54 **Segundo Jason Mittelstaedt:** Lora Kolodny, "Study: 82% of U.S. Consumers Bail on Brands After Bad Customer Service", TechCrunch, 13 de outubro de 2010. http://techcrunch.com/2010/10/13/customer-service-rightnow.

54 Blackshaw, slide "Are Consumers Willing to Engage and Be Spokespeople for Our Brands?", 3.

56 **No comunicado de imprensa, Steve Hasker:** "Nielsen Unveils New Online Advertising Measurement", Comunicados à Imprensa, Nielsen.com. http://en-us.nielsen.com/content/nielsen/en_us/news/news_releases/2010/september/nielsen_unveils_newonlineadvertisingmeasurement.html.

56 **Em 2010, a *Adweek* informou que a Vitrue:** Brian Morrissey, "Value of a 'Fan' on Social Media: $3.60", Adweek.com, 13 de abril de 2010. http://www.adweek.com/aw/content_display/news/digital/e3iaf69ea67183512325a8feefb9f969530.

63 **Foi apenas em 1922:** "KDKA Begins to Broadcast 1920", *A Science Odyssey: People and Discoveries*, PBS.org, http://www.pbs.org/wgbh/aso/databank/entries/dt20ra.html.

64 http://www.adi-news.com/comscore-twitter-overtaken-myspace-for-the-third-spot-among-social-networking-site-facebook-still-on-top/25263.

65 **Para provar que estavam errados:** Leslie Goldman, "Ann Taylor LOFT Ditches Models for Real Women", iVillage.com, 21 de junho de 2010. http://www.ivillage.com/ann-taylor-loft-ditches-models-real-women/4-a-213041.

66 **Amo a LOFT e fico muuuito feliz:** LOFT, "How LOFT Is Wearing Our Favorite New Pant", Facebook, atualizado pela última vez em julho de 2010. http://www.facebook.com/album.php?aid=183697&id=26483215676.

94 **Rachel Levy então escreveu um texto inteiro sobre sua experiência:** www.rachel-levy.com/music-and-the- impact-of-a-tweet.

95 **Ben, primeiro de tudo, obrigado pelo seu comentário:** "This CEO Sucks Less: John Pepper of Boloco", The Consumerist.com, 25 de janeiro de 2006. http://consumerist.com/2006/01/this-ceo-sucks-less-john-pepper-of-boloco.html.

102 **"Repito":** John Paul Morosi, "Joyce, Galarraga Make Up After Blown Call in Near-Perfect Game", 3 de junho de 2010, FOXsports.com. http://msn.foxsports.com/mlb/story/Jim-Joyce-Armando-Galarraga-make-upafter-blown-call-060310.

102 **Como era de se esperar:** Tom Verduci com Melissa Segura, "A Different Kind of Perfect", SIVault, SportsIllustrated.com, 14 de junho de 2010. http://sportsillustrated.cnn.com/vault/article/magazine/MAG1170587/3/index.htm.

103 **No dia seguinte:** Ibid.

103 **Apenas algumas semanas:** "Joyce Tops Survey; Players Nix Replay", ESPN.com, 13 de junho de 2010. http://sports.espn.go.com/mlb/news/story?id=5281467.

119 **Por exemplo, as vendas do sabonete corporal Old Spice:** Noreen O'Leary e Todd Wasserman, "Old Spice Campaign Smells Like a Sales Success, Too", Brandweek.com, 25 de julho de 2010. http://www.brandweek.com/bw/content_display/news-and-features/direct/e3i45f1c709df0501927f56568a2acd5c7b.

119 **mas alguns pareciam questionar:** Joseph Jaffe, "Sugarand Old Spice", Adweek.com, 27 de julho de 2010. http://www.adweek.com/aw/content_display/community/columns/other-columns/e3i45f1c709df050192d35f3e8e86cc5a79.

121 *Ad Age* **publicou um artigo:** Edmund Lee, "Old Spice Fades Into History While Samsung, Ikea, Twitter Scale Viral Chart", AdAge.com, 23 de setembro de 2010. http://adage.com/digital/article?article_id=146030.

138 **O usuário do YouTube Pierce Ruane:** "Rapper 50 Cent Invites Dorky YouTube Fan 'Sexman' to NYC to Hang Out", Gawkk.com. http://www.gawkk.com/in-nyc-with-50-cent/discuss.

144 **De acordo com o relatório estatístico da MailerMailer:** Anthony Schneider, "Open Rates and Click Rates Are Declining", Email Transmit Info Center, 29 de julho de 2010. http://infocenter.emailtransmit.com/2010/07/open-rates-and-click- rates-are-declining.

144 **Elas também mudaram:** "Web banner", Wikipedia. http://en.wikipedia.org/wiki/Banner_ad.

144 **Naquela época, os anúncios de banner:** Frank D'Angelo, "Happy Birthday, Digital Advertising!" AdvertisingAge.com, 26 de outubro de 2009. http://adage.com/digitalnext/article?article_id=139964.

144 **atualmente estima-se que:** Dirk Singer, "Happy Birthday Banner Ad… Bet You Wish Click Through Rates Were Still 78%". http://liesdamnedliesstatistics.com/category/click-through-rate.

149 **Mais de 60% dos norte-americanos:** Andrea Larrumbide, "Cone Finds That Americans Expect Companies to Have a Presence in Social Media", Cone Inc., 25 de setembro de 2008. http://www.coneinc.com/content1182.

149 **por exemplo, o Burger King estima:** Erik Qualman, "Social Media ROI: Socialnomics", YouTube. http://www.youtube.com/watch?v=ypmfs3z8esI&feature=player_embedded#!.

154 **Nesse setor:** Kerry Miller, "The Restaurant-Failure Myth", Businessweek.com, 16 de abril de 2007. http://www.businessweek.com/smallbiz/content/apr2007/sb20070416_296932.htm.

155 **Um total de 161 usuários do Foursquare:** Pamela Seiple, "Restaurant Owner Increases Sales by 110% with Foursquare Swarm Badge Party", Hubspot Blog, 8 de março de 2010. http://blog.hubspot.com/blog/tabid/6307/bid/5697/Restaurant-Owner-Increases-Sales-by-110-with-Foursquare-SwarmBadge-Party.aspx.

157 **Na época do evento da Swarm Badge:** Ibid.

159 **"O restaurante":** Augie Ray, "Word of Mouth and Social Media: A Tale of Two Burger Joints", Augie Ray's Blog, 28 de março de 2010. http://blogs.forrester.com/augie_ray/10-03-28-word_mouth_and_social_media_tale_two_burger_joints.

167 **Por exemplo, qualquer funcionário:** Kathryn M. Kantes, "Joie de Vivre and the Art of the Hotel", Hospitality.net, 5 de março de 2010. http://www.hospitalitynet.org/news/4045696.search?query=joie+de+vivre%2c+dream+maker%2c+word+of+mouth.

172 **De acordo com um relatório de 2009 feito pela Pew Research Center:** Pew Research Center, "61% of American adults look online for health information", Pew Research Centerpressrelease, PewInternet.org, 11 de junho de 2009. http://www.pewinternet.org/Press-Releases/2009/The-Social-Life-of-Health-Information.aspx.

176 **Mas ele se interessa muito:** BusinessWeek Tech Team, "The 25 Most Influential People on the Web", BusinessWeek.com, setembro de 2008. http://images.businessweek.com/ss/08/09/0929_most_influential/1.htm.

176 **É possível ler:** Loïc Le Meur, "Does My Dentist Really Need a Facebook Fan Page, You Tube Channel, and a Twitter Account?", Loïc Le Meur, 9 de julho de 2010. http://www.loiclemeur.com/english/2010/07/does-my-dentist-really-need-a-facebook-fan-page-youtube-channel-and-a-twitter-account.html?utm_source =feedburner&utm_medium=feed&utm_campaign=Feed%3A+loiclemeur+%28Loic+Le+Meur+Blog%29.

176 **A partir daí, a TechCrunch se interessou pela história:** Leena Rao, "How Social Media Drives New Business: Six Case Studies", TechCrunch, 17 de julho de 2010. http:// techcrunch.com/2010/07/17/how-social-media-drives-new-businesssix-case-studies.

182 **Apesar de muitos advogados recém-graduados:** John Schwartz, "A Legal Battle: Online Attitude vs. Rules of the Bar", *The New York Times*, 12 de setembro de 2009. http://www.nytimes.com/2009/09/13/us/13lawyers.html?_r=1&hp.

182 **Até mesmo os advogados mais experientes:** Ibid.

196 **Em um artigo para o *Nieman Journalism Lab*:** Justin Ellis, "Twitter Data Lets NPR Glimpse a Future of App-Loving News Junkies", Nieman Journalism Lab, 8 de outubro de 2010. http://www.niemanlab.org/2010/10/twitter-data-lets-npr-glimpse-a-future-of-app-loving-news-junkies.

200 **Ao selecionar dados demográficos:** Lyn Schafer Gross, "Ratings", O Museu de Transmissão de Comunicações. http://www.museum.tv/eotvsection.php?entrycode=ratings.

200 **Em 2009, havia cerca de 114,9 milhões:** "114.9 Million U.S. Television Homes Estimated for 2009–2010 Season", Nielsen Wire, 29 de agosto de 2009. http:// blog.nielsen.com/nielsenwire/media_entertainment/1149-million- us-television-homes-estimated-for-2009-2010-season.

200 **dos quais:** "TV Ratings", Nielsen.com. http://en-us.nielsen.com/content/nielsen/en_us/measurement/tv_research/tv_ratings.html.

201 **A amostra fica mais ampla:** Gross, "Ratings".

201 **Uma pesquisa rápida na internet:** Há muitas confissões para escolher: Christopher Lawrence, "Life on the Couch: Being a Nielsen family serious business", *Las Vegas Review Journal*, 22 de março de 2009. http://www.lvrj.com/living/41647782.html; "The Nielsens", "Confessions of a Nielsen Family", *New York Daily News*. http://www.frankwbaker.com/nielsenconfessions.htm; Anônimo, "My Life as a Nielsen Family", *Slate*, 15 de julho de 1997. http://www.slate.com/id/3809/entry/24393/; James C. Raymondo e Horst Stipp, "Confessions of a Nielsen Household", *American Demographics*, março de 1997. http://findarticles.com/p/articles/mi_m4021/is_n3_v19/ai_19165304/pg_2/; e Mary Beth Ellis, "Confessions of a Nielsen Viewer", MSNBC.com, 27 de março de 2006. http://today.msnbc.msn.com/id/11716703.

201 **Em 2009, a empresa divulgou um relatório:** Michael Schneider, "Fox Wants Answers from Nielsen", Variety.com, 18 de maio de 2009. http://www.variety.

com/article/VR111800392, 4.html?categoryid=14&cs=1 http://www.variety.com/article/VR1118003924.html?categoryid=14&cs=1.

201 **A Nielsen publicou um relatório de 2010:** "Americans Using TV and Internet Together 35% More than a Year Ago", 22 de março de 2010. http://blog.nielsen.com/nielsenwire/online_mobile/three-screen-report-q409.

202 **Nos anos 1940 e 1950:** Television Obscurities, Nielsen "Black Weeks", 9 de fevereiro de 2009. http://www.tvobscurities.com/articles/nielsen_black_weeks.php.

202 **era comum que produtores de séries de televisão:** Jim Cox, *Sold on Radio* (Carolina do Norte: McFarland, 2008). 46. http://books.google.com/books?id=RwVkMMLqMdkC&pg=PA46&lpg=PA46&dq=%22How%27s+your+Hooper%3F%22&source=bl&ots=qUfAze9xT0&sig=GNOC0Q7nTJ4g ILmjquxs JPdRboU&hl=en&ei=pQOhTKL-N4L88AbZmsyNAw&sa=X&oi=book_result &ct=result&resnum=5&ved=0CCYQ6AEwBA#v=onepageq=%22How%27s%20 your%20Hooper%3F%22&f=falsehttp://en.wikipedia.org/wiki/C._E._Hooper.

203 **Em uma reformulação completa de sua estratégia de marketing:** Ilan Brat, "The Emotional Quotient of Soup Shopping", WSJ.com, 17 de fevereiro de 2010. http://online.wsj.com/article/NA_WSJ_PUB:SB10001424052748704804204575069562743700340.html.

205 **"A maioria das marcas ainda é irrelevante no Twitter":** http://adage.com/digital/article?article_id=145107.

209 **Data: Qua, 22 de julho de 2009:** Tony Hsieh, "CEO Letter", Zappos.com, 22 de julho de 2009. http://blogs.zappos.com/ceoletter.

215 **O Grammy de 2010 teve um aumento de 35%:** http://www.variety.com/article/VR1118014540.html?categoryid=14&cs=1&nid=4749.

ÍNDICE

A

acesso à informação, 19
ações de choque e admiração, 141
adaptação, 35
advogados, 180-184
AJ Bombers, 149-158
    proximidade com os clientes, 150
algoritmo
    fraudes, 56
alicerces culturais, 89-101
alma e coração
    negócio, 10
Amazon, 42-46
ambiente de trabalho, 85-86
    atendimento, 85
antecipação, 188
aquisição da Zappos pela Amazon, 83-85
assuntos gerais, 78
atenção, 79
atendimento ao cliente, 84
atendimento personalizado, 158
atitude desdenhosa, 69
AT&T, 21-22
autenticidade, 100-101
autoconsciência, 89
Avaya, 145-148
aversão ao risco, 180

B

B2B, 30
barreiras corporativas, 92
benefícios
    longo prazo, 74-75
boa intenção, 123
boca a boca, 19-40
bom relacionamento, 26
brand equity, 147-148

C

campanha
    emoção, 125
Campbell, 201
capital de relacionamento, 79
capital intelectual, 78
capitalista de risco, 182
ceticismo, 43
choque e admiração, 176
Chris Trimble, 34
cliente
    insatisfeito, 23
    presenciais e online
    tratamento, 150
cobertura da mídia
    alcance, 117
coleta de dados, 129
combinação das mídias tradicionais e sociais, 108
comentários negativos, 62-69
comercialição, 196
comércio local, 11
comportamento dos consumidores, 14
comprometimento, 33
comunicação, 40
comunidade empresarial, 182
conexão, 40
    confiável, 4
    emocional, 57
confiança
    consumidor, 49-50
    transparência, 180
conservadorismo, 180
consumidores, 19
conteúdo de qualidade, 116
contexto social, 194
continuidade, 118

críticas, 172-174
cultura, 84
   definir, 176
   direção, 116
   empresa, 33

D

dados coletáveis, 55
decisões
   consumo, 9
   negócios, 9
defensor, 51
demandas, 189
demissão, 205
departamento jurídico, 73-74
detector de cilada, 66
diálogo aberto, 149
diferenciação, 171
dispositivos móveis, 40
diversificação, 75
DNA cultural, 165
DreamMaker
   programa, 160

E

early adopters, 4
economia da gratidão
   estratégia, 155
   pessoas de sucesso, 186
econômico, 71
eficiência, 71
engajamento, 30-31
   individual, 118
   individualizado, 57
   qualidade, 116
entrevistas de grupos focais, 6
entusiasmo, 183
envolvimento, 125
escalabilidade, 65
estabilidade, 186
estatísticas, 74
   ruins, 59

estratégia, 73
   marketing, 107
   mídia
      pingue-pongue, 113-122
ética, 24
excelência na experiência do cliente, 84
expectativa, 8
experiência excepcional, 163
expressão do consumidor, 52

F

Facebook, 49
falta de paciência, 72
família e amigos, 50
Farmville, 10
feedback do consumidor, 57
fidelidade, 57
flexibilidade, 35
fofocas, 19
formulário de opinião, 202
Foursquare, 153
Fresh Direct, 28
funcionários, 95-96

G

grandes empresas, 194
grandes feitos, 136
gratuidade, 156-157

H

habilidades visionárias, 43
Heyming, 179-184
humanização dos negócios, 198

I

ideias, 182
identidade online, 124
imprensa livre, 188
impulsionamento, 56
influência, 12
informação, 160
inovação, 194

intenção
    ação, 48
    oculta, 123
interação, 72
    interpessoal, 40
internet, 15
    potencial positivo, 23
investimento, 156
Irena Vaksman, 169-178

J
Jason Mittelstaedt, 52
Jeff Bezos, 83
Joie de Vivre, 159-168

L
legado, 101
liderança, 205
LOFT, 63
Loïc Le Meur, 173

M
marca pessoal, 101
marketing, 185-186
médico, 173-178
medo, 47
mensagem, 68
    intenção, 91
mentira, 25
mercados, 185
    emergentes, 189
metas, 74
métricas, 54-56
microtendências, 116
mídia
    conquistada, 140
    valor, 173
mídias sociais, 4-6
    departamento, 70
    erros, 217
    estratégias, 174
    investimento, 75

mídia tradicional, 105-112
    superfaturada, 75
mudança, 7
mundo corporativo, 201
MySpace, 62

N
natureza humana, 4-40
necessidades individuais
    funcionário, 86
Nielsen, 49
NPR, 194

O
Old Spice, 113-122
    campanha, 117-118
    erro, 119-122
opções semelhantes, 50
opinião, 142
oportunidades, 183
    atração, 133
otimização de mecanismo de
    pesquisa
    SEO, 21
outdoors, 202

P
paciência, 73
padrões de compra
    varejo online, 51
pensar em longo prazo, 73
pequena conquista, 186
pequenas gentilezas, 160
perdão, 26
personalização, 160-162
perspectivas, 185
pesquisas, 72
    virtuais, 52
planejamento, 150
plataformas emergentes, 189
poder, 18-19
praticidade, 84

preço
  publicidade, 107
presentes de agradecimento, 195
presentes virtuais, 141
priorização do lucro, 13
priorizar a atenção, 9
problema
  jurídico, 130-131
  oportunidade, 152
publicidade, 188

Q
questionários, 72
Quirky, Inc., 127

R
reação do público, 27
realização de compra, 52
reclamações, 21
recompensa, 96
reconhecimento de marca, 57
Reebok, 110
relacionamentos, 4-40
resultados trimestrais, 74
retorno rápido, 181
retorno sobre investimento, 49-53
reuniões, 71
ROI
  retorno sobre investimento, 16
roteiro, 131-132

S
senso de propriedade, 106
serviço
  à moda antiga, 24
  atendimento ao consumidor, 14
  autêntico, 24
  personalizado, 6
  primeira classe, 29
sistemas de comunicação, 145
softwares de mensagem de voz, 145
startups online, 15

Steve Hasker, 54

T
talento, 206
táticas, 214-215
  atração, 165-167
TechCrunch, 174
tecnologia, 152-153
telefones, 145
tendências, 84
  correr riscos, 96-97
transformação cultural, 33
transformações sociais, 14
transparência, 40
tratamento personalizado, 24
TripAdvisor, 164
Troutman Sanders, 180

U
usuários de tecnologias pioneiras, 155

V
valor do contexto de relacionamento, 138
valor vitalício do cliente, 189
vantagem competitiva, 24
varejo online, 41
vender, 49-50
vínculo emocional, 198
viralizar, 66
visão forte, 197

W
Web 2.0
  mídias sociais, 17
Woot, 204
Wufoo, 28

Z
Zappos, 28
zona de conforto, 43